淨慧法師開示語錄 2

放下煩惱的包袱

克服焦慮並帶來喜悅　從而開悟生命的真諦
心靈要得到淨化，首先應從安詳、安定做起，
要息滅或者轉化這個妄心，簡單而直接的方法就是念佛與參禪。

淨慧法師——著

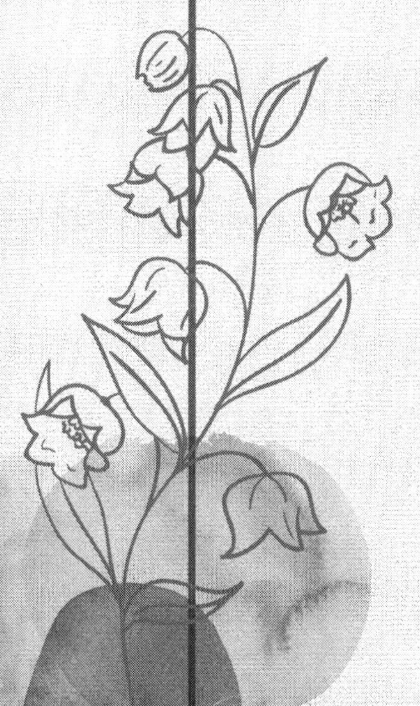

#【目次】

自序

大約在四年前，門下幾位熱心護法、弘法的弟子，結集、印行了《柏林禪話》的這本小冊子，約有二十多萬字，在教界內部贈閱、流通。由於自己東奔西走，未遑寧處，對於這本小冊子的文字和內容未及留意。有一次同一位在出版部門當編輯的信徒談及此書時，他就其文字、內容、編輯水準、印刷質量等方面存在的問題談了一些意見。這樣，我就抽暇翻閱了這本小冊子，結果發現其中確實存在不少問題，也有一些明顯的錯誤。究其原因，一是書中的大部分內容是根據音帶整理的，因我不能講標準的普通話（國語），整理者對我南腔北調的語音把握不準，加之對佛教用語、禪林用語不熟悉，致使在文字以至內容上造成不少錯訛；

二是編輯和校對工作不夠精細，使許多可以避免的錯誤發生了。發現這些問題之後，當即向有關執事人員提出停止贈閱、流通這本小冊子。當事人表示此書已所剩無幾，正擬校正重印。我正在猶豫之間，接讀臺灣圓明出版社總編吳明興居士關於擬在臺灣出版此書正體字版的來函，並敦促我授權同意此事；隨後又將他們重排的該書三校稿寄到河北，約我審閱後寫一篇序言，以表示我對此書在臺出版的關注。

以上就是這本小冊子大陸版、臺灣版結集、出版的經過。

教界許多人都知道我在「文革」後主要從事佛教期刊編輯工作，有時也寫一點小文章，大都是應時、應景之作，值得結集出版再給別人看的東西不多。一九八八年，特別一九九二年以後，由於開展河北佛協教務、修復趙州祖庭和組建柏林寺僧團的實際需要，加之信衆每每有要求開示、講法的呼聲，於是就經常有關於佛學講座之類的活動，也有人利用現代科技的便利條件把我講的一些話錄製成音帶，整理成文字，也就有了像《花都法雨》、《柏林禪話》之類小冊子的編輯、出版、流通。

這次臺灣圓明出版社將《柏林禪話》一分爲二：一本還是用原來的書名，另一本則用《開示錄》爲書名。其實用這樣的書名對我來說是不敢當的，因爲我在修行上祇是一名小學生，對於禪的有些問題則是霧裏看花，說得不瞭然，那裏談得上以禪示人呢！

對於這兩本書的稿子，我認真地審讀了一遍，也改正一些明顯的錯誤。由於時間的倉促，未能詳細推敲其內容。我懇切希望臺灣教界諸先進，對兩書的疵謬之處，多加指正。

臺灣圓明出版社的吳明興總編，爲促成此書在臺出版，函楮往返，編輯校正，諸多辛勞，在此謹致深切感謝。

淨慧

一九九八年十二月一日

于趙州柏林禪寺問禪寮

佛法大意

甚麼是佛法大意？佛法大意就是將佛教的思想體系進行較扼要的說明。我今天根據我們每一個人在修行過程中的切實需要，並針對我們人生的一些關鍵問題，講一講佛法大意。

下面我從四個方面來加以說明：

一、學習佛法以增進我們的道德，即佛教的戒學。

二、學習佛法以淨化我們的心靈，即佛教的定學。

三、學習佛法以開發我們的智慧，即佛教的慧學。

四、學習佛法以提升人格、成就佛果，即根據佛法的戒、定、慧三學進行實踐、修行。

一 學習佛法以增進道德

增進道德是佛教的戒學。戒就是「止惡行善」，它包括兩個方面：好的事情去做——行善；不好的事情不去做——止惡。佛教的戒條有很多種，但均以五戒爲基礎。五戒就是不殺生、不偷盜、不邪淫、不妄語、不飲酒。如果我們每個人都能根據佛教這五條戒律去修行，去增進道德，那麼，我們自然就是道德高尚的人，受人尊敬的人，對國家、對社會、對家庭都是一個模範成員。

㈠ 不殺生

五戒的第一條是不殺生。所謂不殺生，主要的是指不故意斷人命。其對象是以人爲主，而不是昆蟲等等。有信徒問：「走路踩死了螞蟻怎麼辦？」「蚊子咬我能不能打？」這些顧慮是不必要的。佛教戒律的中心思想是針對人的，首先以慈悲心來對待人，再進一步擴展到愛護一切動物。嚴格地講，不殺生祇有證到三果以上的人纔能真正完全做到。如果我們把不殺生這個概念無限地引申，那我們每個人連喫飯、走路都會有可能犯殺戒。所以我們理解佛教一定要以人爲中心，**佛教是人本主義的。**

(二) 不偸盜

第二條不偷盜。很多人覺得這條戒比較好守，因爲大家都希望做一個廉潔奉公、光明磊落的人，做一個對他人東西秋毫不犯的人。祇要我們沒有貪心，這條戒還是易守的。但是，如果把它進一步引申的話，還包括了不佔公家集體的小便宜。很明顯是人家的東西，我們不去偷、去拿，不會不予而取。而對待工作、生活中的一些小事，我們往往不以爲然，如隨便拿用公家的紙、筆，到郵局寄書時夾寄信件等等，這在佛教裏是不允許的。

近代高僧弘一大師生前是一位嚴格持戒的大法師。他是書法家，很多人寄宣紙請他寫字，他總是將寫好的字與剩下的紙一起寄還給人家。有人問他爲甚麼這樣認真，他說我不能隨便要人家的東西，我寫完字，無論剩一張或是半張紙，都應該物歸原主，否則就犯了盜戒。弘一大師的言行真正體現了這條戒律的精神。

㈢ 不邪淫

第三條不邪淫。這主要針對在家信徒講的，出家人則是完全不淫的，也就是說，在家信徒可以有正常的夫妻生活。不邪淫是指不能有夫妻以外的關係，並且正當的夫妻生活在時間和地點上亦有一定的規定。

㈣ 不妄語

第四條不妄語。在佛制戒的原意上，是指大妄語，即在修行方面沒有甚麼重要收穫，沒有證到甚麼果位，或者是你本來沒有看到佛、菩薩，沒有看到光明，但在別人面前誇口，說證到了，看到了，這就犯了妄語戒。

將這條戒引申到具體的生活中來，它包括四個方面：不妄言——不說謊話；不兩舌——不挑撥離間；不惡口——不罵人；不綺語——不說挑逗性的花言巧語。無論是在家的信徒還是出家的信徒，都要隨時隨地注意自己的言談舉止，不要犯妄語戒。這條戒是最難守的，但守這條戒是最重要的。我們有時會隨口出言傷人，所以佛制戒很有現實意義，每個佛弟子都要嚴格遵守。

㈤ 不飲酒

第五條不飲酒。前面四條戒叫根本戒，也叫性戒，不管佛是否制戒，犯了這四條根本戒，就是不可原諒的，因爲它本性就是惡，就是錯誤的，所以說是性戒。第五條戒則是遮戒，對不受戒的人而言，他喝點酒不算犯罪，國家既然賣酒，老百性就可以喝酒，衹要不酗酒肇事，法律則不會追究責任。所以不飲酒戒是遮戒。

對於佛教徒來說，守這條戒是非常重要的。因爲飲酒過量會使人喪失理智，從而做出違犯道德、人格的事情。佛制定這條戒時，有這麼一個故事：有個信徒受了前面四條戒，由於當時還沒有制不飲戒，他就喝了酒，結果失去理智，從偷人家的東西開始，一連串地犯了他所持的四條戒。爲此，佛制這條戒，要求信徒嚴格要求自己，保持清醒理智，使自己的人格日益完美起來。

二　學習佛法以淨化心靈

淨化心靈是佛教的定學，因時間關係不能展開來講。這次報恩法會是以念阿彌陀佛爲主，但也有在念佛當中參禪的，我就以念佛和參禪來說明如何淨化我們的心靈。

有不少人認爲，念佛是迷信的活動，參禪是神祕的活動。我覺得這樣來下評語很不恰當，因爲他沒有經過思考，也沒有通過實事求是的瞭解。

我們每個人的心，每時每刻處在一種分裂的、向外馳求的狀態下，妄想生生滅滅，一念接一念，千頭萬緒。我們的思想這樣的混亂，妄念這麼多，心靈怎麼能夠淨化呢？

一個人的心靈要得到淨化，首先應從安詳、安定做起，這不是自自然然能做到的，需通過一定的方法。現在有很多人練氣功，氣功也有一些念佛、參禪相通之處。在座的諸位對於理解念佛、參禪能夠促進我們心靈的淨化是有一定基礎的。我們如果心安定不下來，妄念紛飛，想要淨化心靈是不可能的。要息滅或者轉化這個妄心，簡單而直接的方法就是念佛與參禪。

念佛就是把我們這個千頭萬緒的心集中到一點上，使思想集中，使心態從紛亂變爲安定。在座的很多人，從二十八號到現在，堅持了四天，從早上四點三十分起牀到晚上十點睡覺，每天都是念佛、打坐、喫飯、念經、掃地、拔草，喫得差、睡得少，但大家身心都非常健康，感到愉快、充實和滿足，沒來臨濟寺以前的種種牽掛與煩惱逐步在減少。從而可以證明，念佛能夠使我們的心靈得到淨化。

那麼，念佛怎麼個念法呢？像現在這樣大家集中在一起來修持有很多好處，可以互相警策，共同努力。當我們每個人自己修行時，應注意念佛須念得清清楚楚，聽得明明白白，要專心致志地想著這個佛號，聽著這個佛號，把全身心都投入當下這一念佛號中去，心靈就自然地得到安詳和淨化，並且要把這全身心都投入佛號的心理狀態，一念接一念地延續下去，不讓它有間隔，一有間隔，馬上就提醒自己，繼續地投入。如果我們每時每刻都能這樣來修行，這樣來念佛，不管你有多少煩惱、多少妄想，通過一定時間都可以濬化和消除，心靈逐步逐步便能得到淨化。古德有個譬喻：我們這個妄念紛飛的心就像一盆濁水，念佛的佛號就像能澄清濁水的一顆明珠，將明珠投入濁水之中，濁水就會慢慢地變成了清水，山河大地從而在清水中映現出來。

參禪也是如此，參禪與念佛在佛教修持上來看，其目的是沒有區別的，祇是方法有所不同。如果我們學習過祖師的語錄，就知道歷代祖師幾乎都把參禪與念佛結合在一起，包括六祖在內，他雖然沒有教人念阿彌陀佛，但他要人念「般若波羅蜜」，念大智慧，這和念佛號的作用是一致的，都是用一念制止萬念。

念佛也好，參禪也好，這種方法本身也是一個妄想，不過就是以一種妄想來制伏、清理、代替千頭萬緒的妄想。古代還有一個譬喻：念佛、參禪像一塊敲門的瓦片，我們這扇門關上了，撿起瓦片敲一敲，門開了後，進門時就會丟掉這塊瓦片。如果進了門還握著瓦片，那就是妄上加妄。由此來看，沒有參禪、念佛這一念，就不能達到正念，就不可能使我們的心靈得到淨化。佛法就是要我們根據一定的修持方法，來逐步實現心靈的淨化。

三　學習佛法以開發智慧

開發智慧是佛教的慧學。用佛教原意來講，開發智慧就是開悟，通過念佛與參禪的修持以達到開悟。怎樣開悟呢？用現代哲學的名詞來說，即怎麼樣來認識世界，這也就是佛教的認識論。佛教的認識論包括緣起論和因果論，離開了緣起和因果，就無法開發智慧。

甚麼叫緣起呢？緣起就是從緣生起，即一切事物的產生都是衆多條件（緣）的聚合。萬事萬物包括山河大地和我們每一個人，都是藉由一定的條件纔得以產生的。譬如說今天的法會，它的緣起如果從時間方面來追溯的話，最遠可追溯到釋迦牟尼佛那個時候，沒有釋迦牟尼的佛法，就沒有今天的臨濟寺。如果近一點來追溯，則可追到義玄禪師那個時候，沒有義玄禪師開創臨濟宗，我們今天就不可能有這個法會。再近一點，如果沒有日本臨濟宗、黃檗宗在近二、三十年來堅持要修復臨濟寺，也不會有今天的法會。這些都還是遠緣、次要的緣，最重要的緣是宗教信仰自由政策的落實，沒有這個政策，臨濟寺不可能恢復，今天的法會也不可能實現。當然，還有其他的緣。任何事物的產生都不是偶然的，都由因緣而生。

「因緣所生法，我說即是空」。一切事物都不是一個實際存在，是由許多條件組成的，把所有的條件一分再分，事情的本質就是「空」，空的涵義有兩點：一是事物是變化的；二是事物是可分的。所以「空」不是沒有，因爲是變化運動、可一分再分的，事物纔能進步和發展。明白了「空」以後，就不再執著於任何一件事，不會停留在某一點上。佛教所講的：「因緣所生法，我說即是空。」在哲學的認識論上是一次大的革命。如果我們能明白這個道理，我們的智慧就會無堅不摧。認識了緣起，纔是有智慧。

開發智慧還體現在明因果方面。因果與緣起是不可分割的，因果是緣起法的一部分。緣起法的目的就是要說明因果關係。我剛纔舉這個法會的例子，正是一重一重地說明因果關係，一直發展到現在，這種因果運動的關係一直沒有停止。這是從縱向方面說明緣起，即從時間方面說明緣起。

緣起在時間上是因果相繼，從空間上看則是彼此相依的。佛經上有個譬喻說：一根蘆葦是獨立不住的，但如果把三根蘆葦綁在一起的話，它就立住了。這三根蘆葦中如果有一根倒下，其他兩根必然也會倒下。這說明了緣起法中彼此相依的關係。

整個佛法無非是一個緣起。《法華經》上說：「佛為一大事因緣出現於世，欲令眾生開佛知見、示佛知見、悟佛知見、入佛知見。」明白了緣起法，就明白了佛法，就得到了佛的知見，就是智慧的開發。

這是講的第三個方面。如果我們每個人都能把以上三個方面做到，道德增進了，心靈淨化了，智慧開發了，我們將是一個非常圓滿高尚、沒有缺陷的人。

四　學習佛法以提升人格、成就佛果

提升人格從佛教來講就是要證得果位。果位，佛教裏有聲聞、緣覺、菩薩、佛。我覺得最重要的是要在我們眼前、在我們當生、在我們這一輩子就要得到一個結果。我們學佛如果一點結果都沒有，那佛教的修行不就成了一種很渺茫的、得不到任何結果的行爲了嗎？所以佛教提倡的是現證涅槃。

在提升人格方面，我們可以引述太虛太師的四句話：「仰止唯佛陀，完成在人格，人成即佛成，是名真現實。」我們敬仰、效法釋迦牟尼佛，將其教法落實到實際的行動中，一點一滴地融化於做人做事中，按照佛教的道理，遵從社會道德的規範，做一個道德高尚的人、心靈淨化的人、充滿智慧的人，那麼在人格完美的同時即成就了佛果。從佛教的立場和角度看，這樣的人生是最現實的。所以，提升人格，證得佛果並不是一句空洞的話。

我想，祇要能夠按照增進道德、淨化心靈、開發智慧這條路走下去，我們自然會成爲完美的人，我們的人格自然就會提升。我們雖然並沒有成爲聖人，更沒有說是緣覺、是菩薩，但這種精神、這種道德品質，我們所做的一切，都符合聖人的精神、緣覺的精神、菩薩的精神。最後像這樣堅持不懈地走下去，就能完成佛果，達到最圓滿的境界。

一九九〇年八月，講於正定臨濟禪寺盂蘭盆節報恩法會

佛法與人生

今天我講的題目是「佛法與人生」。佛法與人生不是分兩個題目來講，不是先講佛法怎麼樣，後講人生怎麼樣，而是講佛法與人生的關係。

這個題目我們分三個問題來講。第一，佛法怎樣分析人生；第二，佛法怎樣看破人生，分析人生不是佛法的目的，還要看破人生；第三，佛法怎樣解脫人生，看破人生也不是目的，最後是要解脫人生。所謂解脫人生，就是要在人生中求得一個超越、求得一個自在。從前，有人請教倓虛大師：「老法師，您學佛幾十年，修持這麼好，不知道您對佛教最重要的體會是甚麼？」他說：「我祇有六個字的體會。」那六個字呢？一是要「**看破**」；二是要「**放下**」，我們肩上的擔子很重，以至於邁不開步子，所以要把肩上東西放下；最後兩個字是「自在」，能夠看破就能夠放下，就能夠自在。放下甚麼呢？佛在世時，有一個外道兩手舉著鮮花來見佛，釋迦牟尼佛見了他以後，沒有說別的，第一句話就叫他放下，外道聽了馬上把左手的鮮花獻給佛。佛還是說：「放下。」外道莫名其妙了：「我已兩手空空，還放下甚麼呢？」佛仍然說：「放下。」到底放下甚麼呢？放下我們的精神枷鎖，放下我們腦子裏的人我是非，放下我們的貪、瞋、癡等煩惱。我們今天要講的中心題目就是這些。

一　佛法怎樣分析人生

先講第一個問題：佛法是怎樣來分析人生的呢？佛法首先肯定人生是苦，這是佛法對人生的最基本的分析，最基本的看法和態度。這樣講是否消極？人生是苦的真理不是消極的、厭世的，或迷信的，而是最現實的、佛陀所親證的人生實相。一般來講，人生有生、老、病、死四苦，這是自然形成的，人人都無法逃避的痛苦。擴充來講，還有愛別離苦、怨憎會苦、求不得苦和五陰熾盛苦。由此人生共有八種苦。

㈠ 生苦

第一種是生苦。「生」苦不苦？可能我們對出生的那一刻已經無法回憶了，但是有很多人，譬如當醫生的、做母親的都能體會到生的痛苦。人之初，在胎如處監牢，出胎如鑽六隙，而剛一下地，嬌嫩的皮肉不能適應自然環境，好似鋼風吹進來一樣，如針刺骨一般地疼痛，所以說生是苦。

㈡ 老苦

第二種是老苦。「老」苦不苦呢？年輕的朋友可能還沒有這方面的體會，但是我們在座的，包括我在內雖不算很老，也可以說是步入老年人的行列，我看我們這裏還有七十多歲、八十多歲的人，他們對此一定深有體會。想喫的不能喫，不是太硬了，就是太涼了；不是太甜了，就是太鹹了。想跟年輕人一樣蹦蹦跳跳，卻身不由己；想和年輕時那樣說說笑笑，渾灑自如，卻已是眼昏耳聾、氣虛體弱，心有餘而力不足了。這是我們從很淺顯也很現實的方面來看老苦。

㈢ 病苦

第三種是病苦。幾乎每個人都有這方面的親身體驗，在此就不必仔細分析。

㈣ 死苦

第四種是死苦。死是生命的結束。這種痛苦在我們的現實生活中，在我們現階段的生命中，我們每個人幾乎都沒有經歷過，但我們每個人對這種生命的必然結果又是非常的恐怖。爲甚麼這樣說呢？因爲我們每時每刻都在和來自社會、自然的一切不幸作鬥爭，我們掙扎、我們搏鬥，其目的就是爲了保護我們的生存。我們畏懼死亡的到來，總是怕死，而死亡又是無時無刻不在威脅著我們；一旦死亡來臨，我們孜孜追求的、享有的名利都將失去意義。佛教還告訴我們，人的死亡如同生龜脫殼，痛苦難堪。

㈤ 愛別離苦，㈥ 怨憎會苦

第五種愛別離苦，親眷、摯友骨肉分離，朝思暮想、魂牽夢縈，當然苦極了；而怨家仇人偏偏見面，此爲第六種怨憎會苦。這兩種苦是我們生活中極常見的，電影、小說也是借此大作文章。

㈦ 求不得苦

第七種苦叫求不得苦。今天驕陽似火，大家坐在這裏非常熱，要是有一點涼風多好啊！但是沒有。大家都看過一部電影叫《上甘嶺》，水在陣地上多麼寶貴，大家口乾舌燥，卻求不到一滴水。這些事情都說明了求不得苦。這也是很現實的，每個人都可以感受得到。

㈧ 五陰熾盛苦

最後一種苦，它比較難以體會，它是來自自然、社會的以上七苦的結合體，佛教稱之爲「五陰熾盛苦」。五陰是色、受、想、行、識，它們構成了我們人身的五種要素。這些物質的、精神的要素時時刻刻都在變化，像烈火般發生作用，迫使我們來承受來自自然、社會的種種苦。

此八苦每個人是無論如何都避免不了的，那麼是不是帝王將相的苦少一點，黎民百姓的苦就多一點呢？不是的，苦在一切人面前都是平等的，祇不過苦的方式不同而已。唐詩中說「公道世間爲白髮」，世間最公道的事情是人人頭要白，「貴人頭上不曾饒」，連貴人都不能幸免，可見它是最公道的。這也正說明了人生本質是苦，人人不能避免的道理。這就是佛法分析人生的第一個方面，即用四諦中的苦諦來分析人生。

那麼，苦從那裏來的呢？苦的原因是甚麼？苦從煩惱妄想中來，苦的原因是業，因煩惱而造諸惡業，受種種的痛苦。痛苦一般由六根本煩惱而起，現略說明如下：

㈠ 貪

第一是貪，見到好的人、好的東西，我們就想佔爲己有，過分追求，甚至不義竊取；或者對於自己的財物慳吝不捨，不肯惠施於人。這個貪即是一種心理活動，也是一個行爲活動，貪尚未表示出來就是煩惱，表現出來就是行爲，即由貪造業。

㈡ 瞋

第二是瞋，在違逆不順的境況下，生起憤怒瞋恨。主要指人際關係方面，別人和我意見不相投時，便憤恨不平；也包括自然環境惡劣變化時，心生瞋恨煩惱。瞋和貪一樣，未表現出來是煩惱，一旦表現出來就是業。

㈢ 癡

第三是癡，沒有智慧，愚癡。主要指我們對人生真理方面沒有正確的理解，不明事理、不明佛法、不明解脫。

㈣ 慢

第四是慢，就是我慢貢高，瞧不起人。「他有甚麼了不起，不就是那麼回事嗎？」慢！見了佛經，「老一套，何必翻來覆去？」慢！我們有些缺點，朋友好心規勸，聽不進，這些都是慢。如果慢心放不下來，就不能和他人和睦相處，就不能接受新鮮東西，豐富自己的知識，增長自己的智慧。

㈤ 疑

第五是疑，就是懷疑不信，對佛教真理以及世間一切事理都不能誠信無疑，這個疑能夠把我們所積累的善根斷掉，從而孳生邪見。

㈥ 惡見

第六是惡見，有時也叫邪見、不正見，它主要是指對三世因果的否認。因爲一切道德，一切宗教，一切正確的行爲都應以三世因果作爲基礎，這樣我們纔會對自己的生命負責任。如果我們抱「及時行樂」的觀念，就會有僥倖心理，認爲祇要能逃脫法律的眼睛，逃脫社會、家人的眼睛，就可以爲所欲爲、胡作非爲，但事實上三世因果、業報輪迴的眼睛是誰也不能逃避的。所以有了因果輪迴的觀念就不是惡見而是正見。

我們人生所有痛苦，都是由這六條根本煩惱引起的，要消除痛苦，首見要從根本上、從原因上克服這六種煩惱，即要滅苦果，先滅苦因。這就是用四諦中的集諦來分析人生痛苦的原因。

佛法分析人生首先要我們認識人生是苦的現實，然後進一步分析苦的根源。所以，佛法對人生的分析是對虛幻人生的否定。祇有在否定人生的一切虛幻之後，纔能真正地肯定人生的價值和生命的意義。

二 佛法怎樣看破人生

第二個問題：佛法如何看破人生？看破人生實際上是對人生價值的肯定，因爲我們祇有透過醉生夢死的虛幻人生，看破功名利祿是過眼雲煙，把人生的惡習一點一點進行克服，纔能夠顯示出人生的價值。不看破這虛幻、迷惑的人生，我們人生的真正價值是永遠不會顯現出來的。看得破就能「放下」，「放下」了也就看破了，也就不再執著於小我，這樣就能步入離苦得樂的解脫之道。

三　佛法怎樣解脫人生

最後一個問題：佛法如何解脫人生？這個問題在此不能展開來講，展開來講涉及的佛學名相很多，對於剛剛接觸佛法的人來説，可能難以聽懂。這裏先講講解脫的涵義。解脫就是超越，超越我們這個小我，超越我們這個執著，做到大公無私，把人生的惡習一點一點看破，一點一點克服，從而完成一個高尚的人格。而佛法講的人生的解脫還不僅僅在此，而是要人格昇華。要破無明、斷煩惱、證涅槃，獲得徹底的解脫。四聖諦的滅諦告訴我們涅槃是人生真實永恆幸福的境界，是苦惱人生最理想、最究竟的歸宿，我們的人生解脫就是要達到這樣的境界。

講到涅槃，大家都可能聯繫到死亡，涅槃也叫滅度、圓寂，是寂滅一切惑業，圓滿一切智德的意思，所以死亡也是一種滅亡，祇是涅槃之中的一種意義。但重要的是，涅槃非人死後來證涅槃，佛教講現法涅槃或現證涅槃，要我們在活著的時候、在現實生活中感受涅槃，在涅槃中生活，這纔是佛教的精髓所在。如果死亡以後再證涅槃，那就沒有把握了，因爲活著時沒有感受到涅槃，能保證死亡之後有把握證得涅槃嗎？佛法教我們要當下得到受用，當下自在，當下解脫。六祖惠能講的「直指人心，見性成佛」，就是指得到了現證涅槃。那麼我們在現實人生中如何能感受涅槃呢？也就是如何解脫人生呢？前面講過，涅槃是滅，滅不是把我們這個身軀消滅了，不是把我們這個世界消滅了，不是把萬事萬物消滅了，而是把我們煩惱的心態、分裂的心態、對立的心態消滅了。消滅了這一切，也就心境平坦，內心安詳，沒有痛苦，這就是當下涅槃，當下解脫。如果把這個境界每時每刻、每分每秒地延續下去，豈不就是現證涅槃嗎？還要等甚麼呢？所以涅槃的意義是非常積極的，是一種永恆的存在，我們每個人時刻要生活在涅槃當中。

一九九〇年八月，講於正定臨濟禪寺盂蘭盆節報恩法會

佛法與報恩

報恩，就是要求我們對任何人、任何事都要有感恩思想。佛教的教義精神和實踐內容都非常强調這一思想。我們的早晚課誦，乃至每一堂佛事結束的時候，都有報恩的內容，我們時時提醒自己，不忘衆生恩，不忘三寶恩。

報恩的理論

報恩的理論來源於佛教的依正不二、自他不二、生佛不二的思想。佛陀教導我們：人與大自然、人與環境具有密不可分的關係。佛教的這一觀點已被當今科學所認同，但佛陀是在二千五百多年前就提出了這一思想。佛教把我們每個人由過去業因所感的身心叫做正報，即我們生命的主體；而把我們身心所依托的山河大地、國家社會叫做依報，即我們生命賴以生存的環境。這兩者是密不可分的，也就是人與環境（自然環境與人文環境）是相互依存、一體不二的關係。同樣的道理，自己與他人、衆生與佛之間的關係也是一體的、不二的。

做到這三種「不二」是我們完善人格、成佛作祖的關鍵。那麼怎樣纔能做到依正不二、自他不二、生佛不二呢？或者說應以甚麼樣的心態來對待這三種關係呢？我想唯一的答案就是報恩。報恩的思想要求我們時時刻刻對一切事、一切人都要心存感恩，不要把自己和自然、社會對立起來，不要把自己和他人對立起來。有了這些思想，就能逐步做到依正不二、自他不二、生佛不二。

我們要感謝大自然對人類的恩賜，我們要愛護大地上的一山一水、一草一木。在我國南方以及日本等國，常常看到人們祭祀大樹，祭祀河流山川，向自然景物頂禮膜拜，燒香點燈。很多人以爲這是迷信。其實我們並不能這樣簡單地下結論，我認爲這是一種樸素的感恩思想的體現。如果我們把每一棵樹奉若神靈，能在樹前燒一支香、磕一個頭，那我們就不會濫砍濫伐，森林就會得到保護；見了河流，我們燒香磕頭，水源就不會受到污染……假使每一個人都把人類賴以生存的環境看作是神聖的，那我們就會以感恩的心情加倍地愛護它們。

我們每個人的存在，我們每個人之所以能夠安居樂業，是因爲有無數從事各行各業的人辛勤勞作和密切配合的結果。我們一個人的生命離不開全世界五十億人的生命。我們時時處處能有感恩思想，那麼人與人之間的自私自利、欺騙壓迫就會逐步緩解和消除，人間就會充滿諒解和愛心。

我們敬仰、懷念佛陀對我們的恩德和教導。沒有佛教，中國的傳統文化就不會有今天這麼豐富，中國人的道德觀就不會有今天這麼完善。佛陀爲我們指出了一條修行解脫之路，一切眾生皆有佛性，依教奉行，則每個人都能成佛。

報恩的內容

報恩主要包括四個方面的內容：第一，報眾生恩；第二，報國家恩；第三，報父母恩；第四，報三寶恩。

(一) 報衆生恩

報衆生恩，包括兩方面的內容。就我們當下的生命來說，沒有所有衆生的恩惠，也就沒有我們自己的生命，所以是自他不二，有恩應報。這僅就人與人之間互爲生存的條件而言。如果我們把生命的當下推向遙遠的過去，我們同一切衆生的關係，就不僅僅是互爲存在的條件關係，從無始以來，與我們有關的人真是無法統計。面對芸芸衆生，既有我們過去生中的父母，也有我們過去生中的朋友、兄弟等等，所以我們對所有的人，都應看作是我們的親人，是我們的恩人。

在現實生活中，我們的生活所需，從食品、衣服、房屋，到辦公用品、交通工具，都是別人提供的。我們每個人都祇能爲社會盡一份責任，我們不能創造一切。常說：「人人爲我，我爲人人。」我們反省一下這句話：「人人都在爲我，我是否也在全心全意地爲人人呢？」能夠很好地體會到這一點，做到這一點，就會自覺地報衆生恩。

報衆生恩還可以從人類擴大到一切動物。動物的生存和人類的生存是一體的，動物種類的大量減少實際上給人類的生存帶來了嚴重的威脅。另一方面，正如每一個人都可能曾經是我們的親朋，在動物界中也同樣如此。因此，我們要有保護動物、愛護動物的思想，進而做到戒殺放生。漢傳佛教的素食傳統也正是由此而形成的，僅就報恩而言，這一傳統具有很深刻的意義。

㈡ 報國家恩

報國家恩，也叫報國土恩。祖國悠久的歷史文化，壯麗的山河大地，純樸勤勞的人民，都能激起我們的愛國之心。沒有國那有家，祖國養育了我們，我們就應常懷感恩之情，積極投身到國家的各項建設事業中去，把國家的利益看作高於一切，個人利益服從國家利益。祇有這樣纔能報答國家的恩惠，纔是一個愛國愛教的佛教徒。

㈢ 報父母恩

報父母恩，父母恩德如泰山。俗話說：「百善孝為先。」可是令人非常遺憾痛心的是現在兒女虐待老人的事件屢見不鮮。學佛的人，不但要報答現生父母的恩情，還要報答生生世世父母的恩情，這也體現了我們愛一切衆生，愛全人類的精神。

㈣　報三寶恩

報三寶恩，三寶即佛、法、僧。佛是導師，法是真理，僧是宣傳真理的老師。「有佛出世人天喜，無僧說法鬼神愁。」三寶就像一盞明燈，照亮人生的道路；三寶就像一條船，把我們從苦海中渡到清涼的彼岸。三寶是陽光、是雨露、是大樹下的清涼地，每個佛教徒要時刻不忘報三寶恩。

報恩的實踐

我們應當怎樣來報恩呢？報恩的內容實際上已把報恩的實踐包括在其中了。當我們得到幸福時，不要忘記衆生，要把我們這一份歡樂與一切衆生共享。佛教徒喫飯、喝茶、穿衣的時候都當願衆生共享喜悅，共成佛道。《華嚴經．淨行品》告誡我們在生活中的一舉一動都不要忘記衆生，這就是報恩的實踐。當然我們不能把報恩的實踐僅僅停留在思想感情上面，更重要的是要用報恩的思想指導我們的言行，所謂「存于中，形于外」，知恩報恩，重在實踐。

對我們廣大的在家佛教徒來說，工作盡職、家庭和諧就是報恩的實踐；在社會生活中，人與人相處融洽，隨時隨地爲他人著想，就是報恩的實踐。如果我們每一個人都按五戒、四攝、六度去做，就是最好的報恩實踐。也就是說，我們每時每刻，每一個行動，每一句話，每一件事情，都要體現報恩的思想，成爲報恩的實踐。報恩就是修行，修行在報恩。

一九九〇年八月，講於臨濟禪寺盂蘭盆節報恩法會

皈依法座

自覺覺他，覺行圓滿

今天是中秋佳節。這是一個象徵著圓滿、團聚、和諧的節日。爲甚麼這樣説呢？古人有句話：「月到中秋分外圓。」這是從自然界來講。一般農作物的收成，到了中秋大致上就能見分曉，就能看得出來今年是豐收還歉收。從一個家庭來講，今天是親人團聚的日子。各位在這個日期來加入佛教，皈依三寶，也同樣象徵著圓滿、團聚、和諧。今天在場的居士多數是在人生的征途上走了一半以上旅程的中年人，也有年近古稀的老人。我們對於人生的種種酸甜苦辣，都有一些體會。正因爲有這些體會做基礎，我們纔能夠產生對佛教的信仰，纔能夠產生加入佛教的念頭。

從今天開始，我們就在向著圓滿和諧的生活邁進。爲甚麼這麼說呢？因爲佛陀就是自覺覺他，覺行圓滿的聖者。佛，不管是從他的智慧，從他的道德，從他的人格來說，都是最圓滿、最具足、最和諧的。我們今天在這麼一個日期加入佛教，從今天起步，邁向圓滿的人生境界，所以，這是非常吉祥的。

講到我們人生，應刻說是最不圓滿的，所以，我們要追求圓滿。蘇東坡寫的〈水調歌頭〉中有這樣的話：「人有悲歡離合，月有陰晴圓缺，此事古難全。」自古以來，就是如此，所以人生是不圓滿的，人生有許多缺陷。佛教把這些不圓滿，把這些悲歡離合，生、老、病、死，生、住、異、滅，概括爲一個概念，這就是人們最怕聽的，但又是最實際的一個概念，即「人生是苦」！這個概念是以無數的事實爲基礎概括出來的，不是平白無故地把人生描繪得那麼暗淡、那麼沒有光彩。實際上，人生恰恰如此：上至將相侯王，下至街頭乞丐，每個人都是在不同層次的苦當中生活。各種不同層次的人有不同層次、不同情況、不同內容的苦。

街頭的乞丐苦不苦呢？很苦。但是他晚上可以安心地睡在街頭，他不擔心失去任何東西。百萬富翁苦不苦呢？他睡在家裏都不安寧，要裝上防盜門和警報器，他絕對不可能享受像街頭乞丐那樣自由自在地躺在街頭，一夜睡到天亮的那種快樂。所以，苦的內容不同，而苦對於每個人卻是平等的。這裏僅僅舉這麼一個例子，大家可以結合自己的生活經歷去思考。「人有悲歡離合，月有陰晴圓缺，此事古難全」。——這就是人生的現實！

知苦斷集，慕滅修道

人生是這樣的不圓滿，有這麼多的缺陷，也可以說充滿著痛苦。那我們是不是就消極地對待這些苦呢？佛教不是這樣。佛教不是要我們消極地來對待人生，而是要積極地對待人生。佛教最基本的教法是四諦，諦就是真理，四諦就是四種真理。那四種真理呢？屬於世間有兩條真理，屬於出世間也有兩條真理。世間的兩條真理，第一條就是我們現實生活當中時常感受到的「苦」。這個苦從我們現實的感受來講是一種果——因果的果。我們都在喫這個苦果。這個果是不是無緣無故地產生的呢？不是。苦果必有苦因。苦因在四諦中稱之爲「集諦」，集就是因，因爲我們集了許多的苦因，所以我們現在要喫這個苦果。這是世間的兩條真理。爲甚麼說它是真理呢？有苦果必有苦因，這是真實不虛的，實實在在的，故是真理。

另外還有出世間兩條真理，這就是「滅諦」和「道諦」。滅是果，道是因。滅甚麼呢？把苦滅了，把煩惱滅了。苦是果，煩惱是因。把苦因苦果滅掉了，那一種狀態，那一種感受，也可以說是一種受用，就是滅。這就是佛教講的涅槃。涅槃的意思就是滅，這是出世間的果。要得到這種果，也需要有因，不是無緣無故就能得到諸苦滅盡的感受的。這個因是甚麼呢？就是要修道！道就是方法，是道路。我們按照這個方法去實踐，沿著這條道路走下去，我們就能夠滅苦。這四條真理用兩句話八個字可以把它概括起來，就是「知苦斷集，慕滅修道」。我們每個人都嚮往著諸苦滅盡的這種狀態，這種感受。但僅僅是嚮往還不夠，還要修行——慕滅修道。按這八個字去做，就能逐步地克服諸多缺陷和極不圓滿人生狀態、人生現實。這就是佛教對待人生之苦的一個基本態度。

諸惡莫作，衆善奉行

如果把這個道理用更通俗的話來講，就是我們要正確地認識人生，認識人生是苦。然後我們要「諸惡莫作，衆善奉行」，努力修行。這樣，我們就可以把這些苦因逐步地消除；我們要嚮往一種清淨的生活，圓滿的生活，這就是滅諦，然後根據佛教的戒、定、慧來修行，這就是道諦。也就是說，無論在日常生活中還是在工作中，不斷地淨化自己的心靈，不斷地以自己的模範行爲來影響社會，影響他人，使他人也能夠逐步地受到潛移默化，達到身心的淨化。

我們信佛，首見是要從自己做起，不要天天把佛掛在口頭上，說：「我信佛了，你們大家也都來信佛吧！」而是要把自己的信仰熱忱落實在生活當中，落實在工作當中，落實在自己的一言一行當中。信仰的熱忱，信仰的追求，對佛法的追求，如果僅僅是掛在口頭上，僅僅是向別人說，那對自己毫無用處。作爲在家佛教徒，要把信仰落實在生活中，其範圍很廣，包括家庭生活、社會生活、物質生活、文化生活，乃至男女之間的夫妻生活都包括在內，要把信仰落實在這些方面。

三皈五戒

我們應該怎樣的生活呢？就是要過一種道德的生活，佛教的基本道德原則就是三皈五戒。能夠照這些原則做了，就是一種道德的生活。按照佛教道德生活的要求，首先我們要把家庭生活安排好：作子女的孝敬父母，作父母的疼愛子女，作丈夫的要關懷妻子，作妻子的要體貼丈夫，這樣纔能有一個和諧的家庭，纔能使一個不圓滿、有諸多缺陷的人間現實，逐步地得到改善，逐步地得到淨化。還要把信仰落實到工作當中，我們要以一種責任感、義務感來對待工作，承擔一切，不能把工作看成是一種負擔，而要當做自己應盡的義務，應完成的職責。這樣，我們就能在工作中淨化自己的心靈，提升自己的人格，進而逐步邁向圓滿的生活。

所以說，信佛不是空洞的，信佛也不僅僅是早晚燒燒香、磕磕頭、念念經而已。信佛的人早晚要有修持的定課，但這僅僅是一個很少的一部分，很簡單的一部分，個人的安排，個人的修持怎麼都好說，但在與人相處、與事相接的時候，能夠做得怎樣，那纔是真正考驗你是不是一個虔誠的佛教徒的地方。所以我常講，信仰是一種生活，要把信仰貫徹到你的全部生活中去，絕對不僅僅是早晚燒燒香、磕磕頭、買點供果供供的問題，這是遠遠不夠的，一定要把信仰當成一種生活，時時刻刻注意自己的心態，注意自己的言行，踏踏實實地做一個有益於社會，有益於大衆，也有益於個人和家庭的人。總起來說，就是要「諸惡莫作，衆善奉行，自淨其意」，逐步使自己的人格趨向統一、圓滿的境界。能如此，就是一個好的佛教徒。

上面我簡單地把皈依佛教的意義說了說，下面我們就正式舉行皈依儀式。有些地方舉行皈依有很多儀式，很多詞句要唱，受皈依的人大都聽不懂，往往皈依完了以後也不知所云，不曉得講的是甚麼。我授皈依的辦法比較簡單，求得大家能夠懂，能曉得自己今天在幹甚麼。從我們的一念清淨心開始，我們就能真正得到皈依三寶的受用。有了這種受用，就會產生一種力量，支持我們的信仰，鼓勵我們的信仰，完成我們的信仰。（以下略）

一九九一年中秋節，講於北京廣濟寺

原載《禪》，一九九一年，第四期

當代僧伽的職志

當代青年僧伽應在求學中堅定正信，樹立正見；在求道中堅持正行，保任正受；在弘法利生中繼承傳統，適應時代，溝通社會，服務人羣，住持正法。

各位法師、各位居士：

這次我爲了給本煥老和尚祝壽，有機會第三次來到丹霞山。每一次到丹霞山來都有不同的感受。我從一九五一年來雲門寺受戒參學，到今年整整四十年了。從那個時候起我就知道仁化有一個丹霞山。但是由於當時這裏交通不便，也沒有高僧住持弘法，所以我在一九七八年以前没到這邊來過。我在雲門時聽說這裏祇有幾間很簡陋、破爛的房子，住有一、二位僧人，生活非常艱苦。「文化大革命」以後，本老來這裏復興這座禪宗道場，經過十多年的努力，可以說是平地起樓臺，殿閣莊嚴，法相生輝，使這座古刹煥然一新，這實在是一件值得歡喜贊歎的大事因緣。修一個廟很不容易，但是最不容易的是有這麼多的法師和信衆雲集在這裏弘揚佛法，修行辦道。今天的丹霞山別傳寺爲佛教的弘揚，爲接引廣大的信衆，作出了自己的貢獻，同時也在不斷地向各地輸送僧伽人才。

我到這裏來，主要是來參學的，今天晚上承蒙常住各位班首師父的慈悲，要我同大家見見面，講幾句話。這是一個很難得的機緣，我願意把我的一些淺見貢獻各位，並希望能夠得到各位的加持。

今晚講的題目是「當代僧伽的職志」。

我想從三個方面來講這個問題。我覺得當代的僧伽特別是青年僧伽應有當代僧伽的職志。所謂當代，可想而知它不是清朝末年，不是民國時期，也不是「文革」以前。所謂當代，前幾年說是八十年代，現在說是九十年代，因爲時間總是在不斷地向前推移，我們佛教的法輪也隨著時代向前轉動。

一　要有求學的志向

當代僧伽應有的職志是甚麼呢?第一，要有求學的志向。因爲佛教修行的過程分開來講是四個方面，即信、解、行、證;合起來講是兩個方面，即解與行，也可以說是學與修。特別是年輕一代的僧人，一定要樹立一種求學的志向。學甚麼呢?我們要學習佛教的經、律、論三藏。雖然我們這裏是禪宗的道場，禪宗主張「教外別傳，不立文字，直指人心，見性成佛」。禪宗儘管是「教外別傳」，但它還是有一個「傳」字。任何真理固然不是語言文字表達得清楚的，但是，離開了語言文字，要向別人描述真理，要想使別人懂得佛法，那也是不可能的。禪宗自己說不立文字，但是禪宗的語錄比任何一個宗派的著作都多。

禪宗從達摩祖師傳至中國來，他一方面强調以心傳心，另外一方面也以四卷《楞伽經》作爲教證。有教證，有經教作爲證明，纔能說明其傳授是正確的。所以佛教裏經常講，有行無解是盲修瞎煉，有解無行是說食不飽;祇有把這兩者結合起來，解行並進，或解行相應，纔是學佛者應取的態度。我們當代的青年僧伽，一定要把求學放在一個重要的位置。佛陀教導我們要難學能學，盡一切學。我們每天發四弘誓願，要「法門無量誓願學」。所以佛教是非常重視學的。

禪宗說不立文字，《六祖壇經》有一段話可能各位都記得。六祖說：「直道不立文字，即此不立二字亦是文字。」不立文字並不等於不用文字。「立文字」和「用文字」意思是不同的。所謂立文字，就是一種障，一種執著，就是把文字當做真理本身。或者像禪宗講的用手指指月是叫你因指見月，如果你執指爲月那就錯了，那就是一種障。「指」是甚麼呢？可以理解爲教義或方法；「月」是甚麼呢？「月」可以理解爲真理、真如、佛性，所謂見月就是要我們明心見性。因指見月，由解起行，這兩者是不可偏廢的。「用」是甚麼呢？禪宗講不立文字，要用文字。「用」就是方便，就是智慧。「善知方便度眾生，巧把塵勞為佛事。」有方便纔能弘揚佛法，廣度衆生，成就廣大佛事。所以我們出家人要注意求學，要精通經教。

求學的目的是甚麼呢？學佛的人求學最主要有兩個目的。一是要通過對經論的學習，堅定我們的正信。因爲我們都是出家人，都有正信，所以纔出家。但要使正信不斷加强和堅定，那就要通過對經教的學習，通過對佛法深入的理解，纔能夠使我們的正信不斷地得到鞏固。二是要通過對經論的學習，樹立我們的正見。正見是甚麼呢？正見就是智慧，就是般若。因爲一切法門離不開般若，離開了般若就不是佛法。所以八正道第一個正道就是「正見」。六度中般若度雖是在最後，但它是統帥。通過學習經教，可以堅定、鞏固我們的正信和正見。我們能正信三寶，正信因果，正信輪迴，正信解脫，這就是正見。

二 要有求道的決心

第二，要有求道的決心。我們出家的目的就是爲了求道，爲了求解脫。求道就是實踐或者修行。因爲佛陀說的法不僅僅是一門知識，對我們佛教徒來講，佛法是修行的法門。衆生有八萬四千煩惱，佛有八萬四千法門。當前最流行的有四個法門：一禪宗，二淨土，三密宗，還有律宗。作爲戒律，不管你修行那一個法門，戒律是基礎。雖然有一個律宗，那僅僅是就研究的重點而言。每一個宗派都要以戒律爲基礎，每一個宗派修學的內容都不外戒、定、慧三學。

丹霞山別傳寺是禪宗道場，關於禪宗的修持方法，本老和各位班首師父一定開示過很多，我由於長年從事佛教文化工作，接觸文字比較多，真正靜下來修行坐禪的時間不多，所以有關參禪的具體方法我就不講了。

修行求道，首先要有一個正行，沒有正行就會是盲修瞎煉。甚麼是正行呢？在正見的指導之下修行纔是正行。也就是說，祇有通過對佛法的正確理解，纔會有正確的實踐。所謂正行既是方法問題，也是修行的過程。修行是一個長遠的過程，要發長遠心。我們在發四弘誓願時說：「煩惱無盡誓願斷。」顯教講修行成佛要經歷三大阿僧祇劫，可見修行成佛不是一件容易的事情，要接受時間的考驗，永遠向道，以正確的修行方法來達到我們成佛的目的。有了正行，有了正確的修行方法，纔會產生正受。正受是我們修行的實際體驗。這種體驗是「如人飲水，冷暖自知」。

昨天，我在這裏給各位講過「趙州茶」的公案。學人請趙州禪師開示佛法，趙州就叫他「喫茶去」。因爲佛法的真實受用祇可意會，不可言傳。你要得到佛法的受用，正受是我們修行的實際成果，也是正行的結果。沒有正行就不可能有正受，修行得不到正受，修行不能安住正受，就有可能走火入魔。正受的感受可以用「**輕安明淨**」四個字來概括。有了正受纔能進入層層增進的禪定境界。

我一九五一年在雲門寺參加禪七，看到個別人修行不得法，走火入魔，而且有很多變態的行爲，那就不是正受，是一種入魔的境界。正受，怎樣纔能獲得呢？靠正行。有一點需要說明：在修行中會出現各種境界，譬如見光見花，見到佛、菩薩的形象，也可能看到不好的境界。在這些情況下我們如何保持正受呢？這就要靠我們用正見來觀照，也就是禪宗講的「佛來佛斬，魔來魔斬」，一切都不要著相。這是禪宗的立場、禪宗的方法。淨土宗與此不同。《阿彌陀經》等說要見到好相，纔是修行得益的證明。我覺得不管是修淨土也好，修禪宗也好，見到好相要有法忍，沒有法忍都可能會走火入魔。因爲好相有時是我們修行的感應，佛、菩薩的加持，有時可能是魔王的干擾。魔王也會變作佛、菩薩的形象來干擾修行的人。爲甚麼呢？因爲一人修行得解脫，就少了一個魔子魔孫。那就是說，不管你是念佛還是參禪，有這些境界出現，都要以般若正見一眼覷破，不爲其所轉。

如何看待修行中出現的境界，是修行過程中非常重要的問題，也是現在練氣功的人極感興趣的問題，他們見到了一點好的境界就高興，見到不好的境界又害怕，結果走火入魔的人比比皆是，就因爲境界這一關突不破。真正修行的人突破了這一關以後，真實的正受就會現前。當然，即使是像這樣一些稀鬆平常的小境界，也不是人人都能獲得的，衹有真正勇猛精進用功的人纔會遇到。

學佛的人都有自己修行的法門，用甚麼標準來衡量我們的修行是否得法、用功是否對路呢？我覺得可以用前面提到的「輕安明淨」四個字來衡量。「輕安」：我們的身體是麤重還是輕安？「明淨」：我們的心地是明淨還是昏沈？如果我們的身心達到了「輕安明淨」的境界，而且這種境界、這種層次在不斷地增勝，那就說明我們的修行方法對路了。

三 要在求學、求道的基礎上弘法利生

作爲我們當代的青年僧伽應該有求學的志向，應該有求道的志向。這兩方面都是側重於自利的；而我們出家修行、出家學佛的目的是自利利他、自度度他，要「眾生無邊誓願度」。所以，第三，要在求學、求道的基礎上弘法利生，因爲出家人的職責就是要弘法利生。這裏經常放「焰口」，「焰口」上的〈僧寶贊〉說僧伽是以「利生爲事業，弘法是家務」。弘法利生是僧人的天職。假使沒有人弘

法的話，我們怎麼會知道學佛、知道出家？佛法有人弘揚，大家纔能有接觸佛法的機會和因緣。我們有機會出家學佛，得到了佛法的好處，得到了佛法的受用，就不能忘記那些還沒有接觸佛法的人。更重要的是佛法要一代一代流傳下去，不能讓佛法在我們這一代人的手裏失傳了，或者減弱了佛法的生命力。我們要不斷地增强佛法的生命力，要推動這個法輪不斷地向前，讓法輪常轉。所謂讓法輪常轉，不是它自己轉，要靠我們每個學佛的人，用弘法的實際行動來推動這個法輪向前轉動。怎樣弘法呢？我想講三點。

㈠ 繼承並發揚佛教的優良傳統

一是我們要很好地繼承佛教的優良傳統，並使之發揚光大。這個優良傳統包括佛教文化的方方面面，祇要是優良的傳統我們都要繼承下來。照這樣說，是不是佛教也有不優良的東西呢？應該說佛法本身是至善至美的，沒有不優良的東西；但是佛法是在過去兩千多年的歷史長河中發展過來的，它在傳播的過程中難免留下不同時空的烙印，難免有一些附著的東西，附著的成份。對於那些附著在佛法身上的東西，我們應該用正見、用般若去鑑別；用佛法的「法印」、「觀機逗教」、「契理契機」這樣一些原則來加以鑑別；把「契理契機」的優良傳統繼承下來，有些東西則可存而不論。

㈡ 適應時代

二是要適應時代。祇講繼承傳統，不考慮現實社會的具體情況，法不當機，佛法就不能發揮它應有的作用。因此，我們要有善巧方便，要有多方面的知識，要瞭解我們這個時代的人需要甚麼，應該怎樣將佛法來回饋我們這個時代的芸芸衆生。所謂適應包括對根機的瞭解和弘法方式、方法的選擇。我們在弘法中往往因爲法不當機，而影響到佛法傳播的效果，如果有好的方法，說法當機，那麼聽法的人就喜歡聽，喜歡接近你。當然，所謂適應不僅是個方法問題，還應包括弘法的內容。佛法既是超越時空的，也是不離時空的，在不同的時空條件下弘揚佛法，必須根據不同時空的具體情況，對弘法的內容作必要的調整，對弘法的手段作精心的選擇，這樣纔能使佛日增輝，法輪常轉。這個問題我今天不能展開來講。總之，在我們這個時代弘法必須適應這個時代衆生的根機。用佛法的話來說，所謂繼承傳統和適應時代，就是「契理契機」：「**上契諸佛之理，下契衆生**

之機。」一個弘法者祇有做到了這兩條，纔算具備了弘法的基本條件。

㈢ 與社會溝通

弘法的第三點就是要做與社會溝通的工作。爲甚麼要做溝通的工作呢？因爲近四十多年來，佛教和社會的隔膜太深了，人們對於佛教感到陌生，對佛教的瞭解，有的是等於零，有的是絕對的誤解或絕對的歪曲。要糾正人們對佛教的誤解和歪曲，就是要靠我們不斷地來做各種溝通的工作。

怎樣溝通？一是用語言，二是用文字，三是靠我們的行動。說來說去，還是離不開語言文字。語言，要用現代人聽得懂的語言講佛法；文字，要用現代人看得懂的文字寫佛教文章；行動，僧人要以身作則地體現佛教濟世救人的精神。光是文言文，光是照佛經來念，人家照樣不懂，照樣達不到溝通的目的；即使語言文字的溝通過了關，佛教徒自己祇說不行也達不到溝通的目的。所以要善巧說法，把佛教原來的語言文字通過自己的修行體驗加以消化，再用大家能夠瞭解的話說出來，這樣，弘法纔有好的效果。

我們也可以回想一下，我們初進佛門的時候，聽到老法師用很古老的語言講很深奧的道理，簡直是丈二金剛摸不著頭腦。所以，溝通是要講究方式、方法的，不講究方式、方法就溝通不了。

我們要同那些方面進行溝通呢？一是佛教如何與社會來溝通，讓社會上的人士能夠比較正確地理解佛教；第二是與政府的有關部門溝通，要求他們按照佛教固有的規律和特色來進行管理。我們要耐心地向政府主管部門的幹部介紹、解釋佛教的教義，說明佛法對社會、對人生具有積極的意義，佛法能夠起到淨化人心、淨化社會的作用。政府主管部門對佛教進行行政管理，一定要根據宗教信仰自由政策的精神，把佛教的特色突顯出來；不顧佛教自身的規律和特色的管理，就可能適得其反。

我們還要同其他的有關機關團體進行溝通。像丹霞山別傳寺這樣的寺院雖然位於山區，但是每天要接觸成千上萬來自各個階層的人士。如果佛法的精神，戒、定、慧的精神在我們每個出家人身上體現得非常充分，就會給人一種莊嚴的印象，這是最重要、最直接的溝通。如果戒、定、慧在我們身上體現得不充分，或者由於某一個僧人一時的失檢，佛教的精神在我們身上體現不出來，就會使世人對佛教進一步產生誤解，甚至使佛教受到更大歪曲、受到玷污，那我們就要背因果了。這是用我們的形象來進行溝通，叫做以身作則，這種溝通是沒有語言的。總之，我們弘揚佛法要繼承佛教的優良傳統，要適應時代的潮流，要與社會各個方面進行溝通。這樣，我們的弘法利生工作就能夠收到良好的效果。（以下從略）

總的來講，我覺得我們當代青年僧伽應在求學中堅定正信，樹立正見；在求道中堅持正行，保任正受；在弘法利生中繼承傳統，適應時代，溝通社會，服務人羣，住持正法。

謝謝各位。

一九九一年十月二十九日，講於廣東丹霞山別傳寺

原載《法音》，一九九二年，第一期

緣起略談

《法華經》說：「佛爲一大事因緣出現於世。」甚麼是佛的一大事因緣？就是要衆生開示悟入佛之知見，即開佛知見、示佛知見、悟佛知見、入佛知見。這就是佛陀出世的本懷，也是我們信佛學佛的根本目的。甚麼是佛的知見呢？——「緣起見」是，即用緣起的觀點來觀察一切事物。緣起是說世間的一切事物都是由衆緣和合而生起的，佛教的這個「緣」包括時間和空間兩方面。

從時間上講，緣是因果法，即三世因果。因爲每一事物都是有因有果的，都離不開因果的法則。既有因果的關係，便有時間的先後，有過去、現在與未來。一切事物在時間上都是因果相續的。

譬如你們今天邀我來這裏講佛法，這是一個果，但它不是無因之果。這個果的近因就是前天晚上你們到我那裏去，希望我跟大家結結法緣。它的因還可以往前一直推進到釋迦牟尼佛出世說法，這是遠因。遠因還可以推到前前無始。另一方面，我們今天通過講法結的這個緣同時又是一個因，還會產生其他的果。這種因果關係還可以往未來推，直到後後無終。這就是佛法對一切事物的因果觀。

上面是就因緣的時間觀來講的。緣還可以從空間上來觀察。譬如我們今天在這裏講法，不妨把這個空間以及正在這個空間進行的活動看作爲一個點，那麼這個點是不是孤立的呢？絕對不是。它是跟周圍的人、周圍的事有著千絲萬縷的聯繫，這種聯繫又可以推廣到整個宇宙也和這一個點沒有分開。因此，每一件事物都是彼此相依的，世間上沒有一個獨立存在的事物。這就是佛教講的因緣法。

佛教裏有一個命題叫「緣起性空」，《中論》說：「因緣所生法，我說皆是空。」又說：「以有空義故，一切法得成。」緣起即性空，性空而能緣起。空是甚麼呢？它不像我們一般人所理解的：空是沒有、空等於無；空是無限的發展的可能性。因爲它空，所以它能夠無限地發展；因爲它空，所以人們具有無限創造的可能性。如果用現代的語言來解釋的話，可以說空是運動，空是指一切事物有條件的存在。

我們看這個茶杯。佛教說茶杯是空，是不是說這個茶杯消失了就空了呢？不是！應該是當體即空，因爲它的形狀、作用隨時隨地都在變化，它沒有固定性，所以說茶杯是空。另一方面，它是條件的產物，是有條件的存在，假設把這茶杯存在的任何一個條件去掉，這個杯子就不存在了。世間的一切事物都是緣起的，具有運動性、可變性，是有條件的存在，所以一切事物也都是當體即空。我們應如此理解空的涵義。

佛教關於緣起的道理給予我們甚麼啓發呢？首先我們要從因果的法則中悟出一個道理：從時間上講，我們的生命的存在也是一個有因有果的因果法，是一個流轉的過程，是一個前前無始、後後無終的過程。這便是我們的生命價值之所在，我們要珍惜生命。從空間上講，我們人生的存在是和整個宇宙的存在同一的，我們的生存有賴於全人類及整個宇宙存在所提供的一切條件，所以我們要正確處理好自己與周圍的一切人、一切事的關係。因此，緣起法告訴我們在生活中既要珍愛自己又要關懷他人。由此我們進一步看看佛法是如何指導我們做人做事的。

怎樣珍愛自己呢？在因果相續的歷史長河中，我們愛惜我們的生命，就應發揮生命的善的一面，抑制惡的一面，即發揮生命的正面價值。佛教講守戒，最起碼的是三皈五戒。一個人衹有在正確的道德規範下生活纔能感到充實，纔能夠真正發揮自己、珍愛自己。五戒所教導我們的，就是怎樣地自尊自愛（下面是關於五戒的內容及如何守好五戒。此略，見有關的專題開示）。

這還遠遠不夠，還是消極的，我們還要關懷他人。佛教裏也有個法門，即四攝法。所謂攝，就是同周圍的人搞好關係。四攝即布施、愛語、利行、同事。

我們對他人的關懷，既包括物質上的關懷，也包括精神道義上的關懷。所以第一條布施不僅僅有財物施，還有法施、無畏施和同喜施。別人生活上有困難了，我們可以隨份隨意地給予幫助，就是財施。在某個關鍵時刻，或在一個人失落傍徨的時候，我們曉之以理、動之以情，給他指出一條正確的道路，這種用知識、用道義在精神上給他人以幫助，就是法施。當別人感到不安或恐懼時，如有病的人，走不動了，或者迷路的人，如因找不到母親而哭泣的小孩，我們幫他們一下，消除他們的不安全感、恐懼感，這就是無畏施。當別人有了歡喜的好事，譬如你提級增薪（升級加薪）了，我非但不犯紅眼病，而爲你有如此好事而高興，共同分享你的喜悅。分享並不是把你的好處分一半給我，而是和你一樣的高興，這就是同喜施。

第二條是愛語。愛語就是溫和慈愛的語言，這等於我們常說的「五講四美」中的語言美。真正的愛語發自於我們對一切人所應有的關懷、慈愛的心。

第三條是利行，就是一切對他人有利的事情都積極去做。

第四條是同事，即有事情我們共同來做。缺乏這種合作的精神，就難以成就事業，難以感化他人。

一九九一年十一月二十日，講於北京

禪修法座

各位同道！上午我在這裏講了佛法的緣起、空和因果輪迴幾個問題，下午就根據慈雨法師的意思講講關於修習禪定的一些方法。

禪宗分五家：臨濟、曹洞、雲門、法眼、溈仰。臨濟宗是禪宗的一個非常主要的宗派，人稱臨濟子孫遍天下。臨濟祖庭就在河北正定臨濟寺。這是講禪宗的形式。從內容上講，就是講禪定的修法、禪的思想、禪的影響。

禪宗分成了五派之後，禪宗的思想就融化到這五派裏去了。這五派中的法眼、雲門、溈仰三派已經失傳了，剩下的就祇有曹洞宗和臨濟宗。在中國最具有代表性的是臨濟宗。它不僅在修持上具有代表性，在思想上也具有代表性。臨濟宗、曹洞宗以後又傳到日本、朝鮮半島。現在的日本主要有臨濟、曹洞、黃檗等禪宗宗派，而曹洞宗是最大的。朝鮮半島最大的宗派是曹溪宗，曹溪宗亦即是臨濟宗。所以說臨濟宗影響很大，在思想學術方面的影響就更大。

現在之所以到處說禪，禪成了傳統文化熱中的一部分。禪學熱不僅是在我們中國，可以說是具有世界意義的一個熱潮。所謂禪學熱是怎麼興起來的呢？日本的鈴木大拙大師可能在座的居士都知道，或者讀過他的著作。鈴木大拙在西方生活過許多年，因爲他能夠直接用英語講禪，用英文寫禪學著作，所以透過鈴木大拙，把中國的禪傳到了西方；現在西方人透過他的著作來瞭解中國，瞭解中國的禪，瞭解中國的思想文化，所以在西方掀起了「禪學熱」。我們中國的禪學熱當然和鈴木大拙的著作有關係，但更直接的可能正是這幾年氣功的盛行。氣功的種類很多、門派很多，說得不好聽是五花八門，說得好聽是異彩紛呈。不管是那一門派的氣功，那一種形式的氣功，或多或少都會跟禪有一點關係，或許還會有一點禪的味道。說氣功與禪有關係、與禪有緣，我看練氣功的人誰都會樂意承認這一點，誰都可以引以爲榮。假若說氣功和佛教有關係，可能就有很多人不敢承認了，因爲佛教是宗教，如果和宗教掛上了鈎，也就和「封建迷信」有了關係了，所以不敢承認。這是我們衆生的執著，我們衆生的偏見。佛教是最沒有偏見的宗教，它認爲一切法、一切事物祇要是向上的、向善的，都是佛法。向上的也就是發展的，它是事物的原理；向善的，這是表明事物的性質。祇要是合乎這兩點的法都是佛法。

具體講到禪的修養，氣功或許講到禪的某一點、或某一部分、或某一層次。我們這裏所說的禪是甚麼呢？佛教所說的禪不僅僅是禪定的禪，還有禪宗的禪。這兩種禪有區別又有聯繫。譬如四禪八定等，佛教也修，瑜伽師也修，可能氣功也接觸到四禪八定。這種禪定在佛教叫做世間禪。那麼禪宗的禪是甚麼呢？禪宗的禪除了修習禪定之外，還有智慧。世間禪是以定爲主的，而禪宗的禪則不是這樣的。《六祖壇經》大家可能都看過，它是以「定慧等持」爲禪。禪宗的禪不出定入定，它是一種心態，一種永恆的心態，也是一種觀念、一種生活的方法，它貫穿在我們生活的各個方面。所以叫「行亦禪，坐亦禪，語默動靜體安然」。行也在禪裏，坐也在禪裏，言談動靜都沒有離開禪，而且都心態安然。這個不光是指身體，它是我們身心的結合。這是禪宗的禪。

怎樣修習纔能達到這種境界呢？我們通過思惟，通過看書，通過平時的各種修養固然可以達到這種境界。但是通過禪定達到這種境界就會更直接一些。所以禪宗的禪不僅不排除打坐，也不排除修習禪定，而且認爲打坐、修習禪定是達到這種境界的殊勝方法。

那麼如何修習禪定呢?我想要修好禪定，首先要瞭解以下幾個方面：一是選擇環境，二是調整身體，三是調整心態。

選擇環境是說要有一個安靜、通風、空氣好、沒有異味的地方。異味對人有刺激，不利於心境的安定。二是坐的地方要有一個棉墊子或者坐在牀上。席夢思不好，最好是木板牀，在牀上放一個棉墊子，後面放一個厚度一寸左右的小棉墊子。具備了以上的條件，再就是選擇一個適宜的坐禪時間，最好是在一早一晚，早五點以後，晚九點以後、十一點以前。坐禪時肚子不能太飽，也不能太餓。坐禪要有充沛的精力，不能打瞌睡，因爲坐禪本身就是一種修養、一種修行。假若我們很疲勞，一坐到那裏就想睡覺，那就達不到坐禪的目的。如果想睡覺，那就去睡，不要坐。另一方面是坐禪時，衣服要穿得寬鬆，褲帶都要解開，寬衣鬆帶。有的人穿很緊的褲子坐禪，那就不容易使肌肉放鬆，不容易使血脈流通。血液不能循環、肌肉不能放鬆，直接影響我們坐禪的情緒，不容易進入安靜的狀態。這些都是坐禪前的一些方便。

時間、地點、衣服、坐墊都安排好了，然後就可以開始坐禪。我們一般人不能盤雙腿，盤單腿也可以，盤單腿不要分那個腿在上，那個腿在下，隨各人的身體狀況、習慣而定。坐好之後要把腿包好，我們出家人有這個大褂，把腿一包就行了，在家人没有大褂，用毛巾被或毛毯也可以。包腿有兩個作用：一是能保暖，不使腿受涼；二是能夠使腿固定，包起來腿就不會鬆散。坐好後身體前後左右搖晃幾下。如果你的精力旺盛，眼睛可以閉起來，但不要閉得太緊。如果精神不那麼好，那就不妨讓眼睛三七開，開三分閉七分。睜開眼你就看著座位前三尺遠的地方。不管你的眼睛是睜也好閉也好，總之不要東張西望。不要彎腰，也不要故意挺得很直，自自然然就行了。我們出家人的衣領子很高，剛好頭和衣領貼在一起就行了。頭靠衣領，身體放鬆，手結禪定印，眼睛開三分閉七分等是講的調身。

調身以後是調呼吸。因爲呼吸調整得不好，也會直接影響入靜。調整呼吸有兩種方法：一是數息，二是隨息。數息就數呼吸，一呼一吸數一次，愛睡覺的人數出息；心比較散亂、妄想多的人數入息。這在禪定裏叫數息觀。還有一種方法是用意念看住自己的出息和入息，這叫隨息觀，隨著呼吸，把意念和呼吸結合在一起，意念清楚地知道呼吸的出入。在這數息或隨息當中，調整自己的呼吸。平常人呼吸短促，氣息也很麤，自己都可以聽見，調整就是要使它從麤到細，從急到緩，從短到長，從淺到深。當呼吸調整好以後，我們就可以調整心態了。

調整心態是坐禪的真正開始。前面講的可以說都是準備工作。當我們真正坐下來了，心安定下來了，馬上就會發現自己妄想紛飛。一會兒想到孩子睡了沒有，一會兒又是電燈關了沒有，種種雜念都會冒出來，一念接著一念，也就是妄想叢生，這需要正念來克服。剛纔說的調整呼吸，清楚地知道每一呼吸的出入，就是使你的意念集中到觀察呼吸這一念上，抵消別的雜念。但這一念還祇是一個點，還是會丟失或間斷的。我們要使這一點成爲一條線，進而形成一個無窮的面，纔能真正地進入禪定的狀態，也就是剛纔講的「行亦禪，坐亦禪，語默動靜體安然」。坐的時候，放下腿以後都能保持這種心態，就可以說靜坐有了一些工夫了，這就是我們所說的調心。

以上僅僅是就打坐的幾個步驟來講。剛開始學坐禪的，可先從一次坐半小時開始，慢慢地加，一個月加十分鐘，直到能坐一個小時，穩定以後，二小時、三小時也就没問題了。每一次坐完，下座的時候，如果是在晚上，千萬不要一下座就睡覺，要輕輕地把腿放下來，用手輕輕在膝蓋上按摩幾下，看看腿是不是麻木，使不使得上勁。特別是老年人下座的時候要用手扶住座位慢慢起來，並在原地站一會兒，再在房間裏來回散散步。另外還要注意的是，冬天在室内坐禪不要讓風吹進來。天熱了可以打開窗戶，要面對著門，不要背當風，也不要左右當風。

上面談的是坐禪的一些技術問題，還有一些是屬於修行境界上的問題。有些練氣功的人，在練功當中，可能碰到這樣或那樣的境界，有的看到佛，有的看到菩薩、光明，或是看到不好的境界、恐怖的境界。佛教裏有一句話：「若人欲了知，三世一切佛，應觀法界性，一切唯心造。」一切的境界都和我們的心分不開，都是我們自心的顯現。所以不管你見到了甚麼境界，見到佛、菩薩來了，你不要歡喜；見到魔王來了，你也不要躲避。即便感覺到有人拿刀砍你脖子，你也不要害怕。一切境界都置之不理，這是非常重要的。祇要你是修行的人，祇要你能保持正念，智慧現前，不管甚麼境界你都不理它，這一點大家要切切記住。

原載《禪》，一九九二年，第二期

月到中秋

今天是中秋節，古語說：「月到中秋分外圓！」所以這是一個象徵圓滿和團聚的節日。今天是陰雨天，看不見月亮，正如宋代詩人蘇軾〈水調歌頭〉中寫的：「人有悲歡離合，月有陰晴圓缺，此事古難全。」

天上的月亮，一月一次圓。而我們的人生，在一個月中還未必能有一次感到最滿足、最幸福的時刻。因此，人生應該說是不圓滿的，歡樂時少，團圓時少，自己感到滿足時少，一年三百六十五天往往是在苦苦惱惱、不順心、不如意中度過的。人生的痛苦與不幸伴隨著我們現有的生命一起誕生。這種痛苦在襁褓中已有感受，但無記憶，從出生到記事這段時間的苦已回憶不起來了。但人生的苦是客觀存在的，不管是窮人還是富人，無論是當官的還是老百姓，任何人面對苦卻是平等的。

人生既然是這樣的痛苦，那我們怎樣纔能滅苦？怎樣纔能掌握生命的主動權呢？要覺醒，痛苦纔能擺脫。覺醒的關鍵在於明白世界上一切事物的存在都是有條件的，都是緣生緣滅的。能這樣觀察問題就可以看得淡一點、空一點，於是痛苦也是少一點，也就會有一種滿足感。佛教從根本上解除人的生活、思想、生命的苦惱，使人們活得瀟灑、自在、安詳，這對現實社會人生有著積極的作用。信仰佛教或愛好佛教都會從中得到受用；若是對佛教有反感，認爲佛教是迷信的、消極的，則不會有受用。「滿足感」是一個人的修養，不要貪得無饜，時刻想到還有別人，好處面前，將心比心，這樣就容易感到滿足。這不是消極而是積極的思想。感到滿足但也要積極進取，祇有想到別人的存在，纔能真正理解「人人爲我，我爲人人」，從而爲人民爲國家創造更多的財富。

祇有佛陀是最圓滿的覺者，自覺覺他，覺行圓滿。我們皈依佛，佛在那裏？佛在心中。從心中覺悟，纔能美滿自在。現在電影、電視上把佛描述成法力無邊的神，事實上很多人也將佛當作神來膜拜，而求神拜佛、賞善罰惡並非佛的本意。佛是具備無邊的法力，我們每個人心中也同樣具備這種能量，祇要真正覺醒，息滅煩惱，打開枷鎖，心靈徹底解放，能量也就能釋放出來，自然也就神通廣大。電影、電視藝術沒有從正面表現佛教的面目，從而引導人們誤解佛教，不能明白佛的真正意思是甚麼。看到精神食糧的匱乏，民族意識的消沈，古老文明無人問津，我心裏很沈重。我希望人們能夠理解佛教存在的積極意義。

一九九二年中秋節，講於趙州柏林禪寺

原載《禪》，一九九二年，第四期

念佛與調五事

各位居士發心來這裏參加佛七，因緣很殊勝。我本人對各位的精進心、勇猛心、向道心感到非常敬佩。不少居士希望我能經常給大家講講佛法，但由於教務工作比較忙，所以各位這種願望沒有能夠及時滿足，很抱歉。今天是佛七第四天了。前幾天，有幾位法師已經給各位開示了很多，而且有許多人經常在這裏參加佛事活動，經常聽各位法師講法。我今天僅就念佛與修定應注的問題，根據佛祖的言教，同各位談一點體會。

我們這次舉行的是念佛七，嚴格地說，念佛也是禪定的一種。大家每天念的迴向文中就有「心不貪念，意不顛倒，如入禪定」的話。念佛的人都希望得念佛三昧。三昧就是正定，念佛三昧也就是念佛的正定（或禪定）。念佛如果不能念到一心不亂，念佛就不容易有受用，能夠念到一心不亂，那就是定相出現。沒有定，要想念到一心不亂，那是不可能的。所以禪定與念佛是一碼事。各位一定要明白這個道理，不要把念佛和修禪定打成兩橛。

從佛教修行、修定的根本意義上來講，念佛與禪定是密不可分的。另外，從我們念佛的儀式或念佛七的儀式來看，也是念佛與禪定相結合的，如我們每支香除了稱佛名號，還要「止靜」。止靜實際上就是默念佛號，默念佛號也是禪定的一種。所以從這兩方面來看，念佛與禪定不是兩件事，而是一件事。希望各位從思想上、道理上明白這個意義，把這一點弄明白了，我們在修淨土法門時，就不僅僅是追求一天要念多少名號，而更重要的是要使自己的散漫心、妄想心得到調治，得到止息，得到息滅，這纔是我們修行、念佛的目的。妄想心不除，塵勞念不除，要想得到一心不亂，要想在當下得到受用，要想在臨命終時往生極樂世界，那也是不可能的。

爲了使念佛達到除妄想、得禪定的目的，就要講究修行的方法，講究打坐的方法，講究調身、調息、調心的方法，還要講究調飲食、調睡眠的方法。祇有使這些方面都能夠協調起來，纔能夠與道相應，我們的修行纔能順利、快速地得到受用。這幾方面就是天臺宗《小止觀》裏講的「調五事」方法。把這五件事調整妥當了，修行就有條件，修行就容易進步。懂得這些方法，不僅在打佛七時有用，自己平常修行、在家打坐也同樣有用。

一 調飲食

所謂調五事，第一，調飲食。食物本來就是我們滋養身體、修行進道的一種資糧。我們利用得當，就能夠成我們的助道因緣；利用不得當，吸收過量或不足，都對身體有影響，對修行沒有好處，甚至會引生百病，即所謂病從口入。調食要注意四個方面：

㈠、飲食不要過量，衹能七成飽或八成飽。因爲喫得太飽了，打坐、念佛，就會胸悶氣脹，心不容易靜下來，念頭不容易把住，身體就不安穩。

㈡、也不要喫得太少。我們平時一頓能喫二兩、三兩，修定時衹喫一兩，那也不行。因爲肚子餓了，身體支持不住了，營養不夠，同樣無法修定。如果我們飢腸轆轆，妄想紛飛，怎麼能修定呢？沒法修定，沒法得到念佛三昧、得一心不亂。

這兩條結合起來就是不飢不飽、適可而止，即適中。佛教主張中道，祇有安住中道，纔是是修行的正道。

㈢、不喫穢濁之物，如魚、肉、葱、韭、蒜及喝酒，抽煙等。這些食物都與修定、念佛不相應。油膩太多，心沈不下來。葱、韭、蒜刺激性大，氣味很重，自己聞著都感到難受。這種氣味對我們的眼根、鼻根有刺激，不容易入靜。

㈣、不喫不宜之物。即不喫對自己健康有損、或者與自己的飲食習慣不協調的食物。如果有人不能喫辣椒，猛然喫了許多辣椒，那對修定肯定是不利的。喫了不宜之物，容易孳生種種疾病。所以修行、念佛、打坐不管是在家裏還是在寺院裏，調食是第一件要事，飲食調好了，身心舒暢，進道有方，纔是修行的前提。

二 調睡眠

第二，調睡眠。佛教不管修那一法門，都講究精進不懈。六波羅蜜當中，精進波羅蜜非常地重要。不精進，布施没法修，持戒没法修，忍辱、禪定、智慧都不可能持之以恆地去修持。修學佛法，不管是那個法門，都不能懈怠，不能貪睡眠。所以寺院裏規定每天早上四點半或五點起牀，諸方大叢林都是三點鐘起牀，晚上九點鐘纔睡眠。睡眠按時按量，既能夠在時間上爲修行提供保證，又能在精神上保持清醒。當然，不貪睡是一個方面，但過分地疲勞身體，不睡眠也不行。因爲我們的身體畢竟是脆弱的，還是要愛護它、愛惜它，使之成爲我們修行、做事業、爲衆生作貢獻的一種工具，一種方便。

我們要愛護這個身體，藉假修真，我們要保證每天有一定時間的休息、睡眠。睡眠時間多少要根據每個人的年齡、健康狀況和工作環境來確定。一般地說，老年人有六、七個小時的睡眠就夠了，青年人要保證八小時的睡眠。假使睡眠時間太少，我們坐在那裏就容易昏沈，修定、念佛都不會有真正的效果。睡眠過少，神志不清，意志不明，要想淨念相繼也是辦不到的。睡眠調好了是我們修行的基礎。從上述兩條來看，修行是以物質生活爲基礎的，我們修行的人、學佛的人不應當輕視忽略物質生活的重要性。

三　調身

第三、調身。調身一是指我們修禪定、打坐時如何來調身，二是指我們平時不打坐的時候應該注意一些甚麼問題。打坐的位子、坐的墊子非常重要。打坐用的墊子一般要與跏趺坐的長度、寬度相等，或略寬一點。坐在那裏四平八穩，纔能真正起到調整身心的作用。坐墊要柔軟，臀部要有一個小墊子，使臀部略高於兩腿。坐下來以後要盤腿，盤腿的要求是先把右腳收回來，然後將左腳壓在右腳上，以腳背與大腿齊平爲標準，這叫做單盤或單跏趺。一般上了年紀的人能單盤就不錯了，年輕人應要求高一點，都應練雙盤。盤腿對修行、入定、得念佛三昧都是非常重要的，因爲諸佛的成道相都是跏趺坐相，跏趺坐相就是定相。盤腿是入定相，所以一定要鍛鍊。不要以爲光念佛就行了，盤不盤腿並不重要，不能這樣看這個問題。如果要真的修行的話，就要下決心練盤腿子。

腿盤好了，手要結禪定印。右手在上，左手在下，兩拇指一定要相對，放在腿上，與自己的腹部靠緊（或右手在上，左手在下，是為彌陀印）。兩拇指相對，這樣纔能夠從各方面來加强我們的注意力，使我們的精力能夠集中，意念能夠集中，這對於念佛、修定是一種增上緣。手放好了，頭、頸、脊骨正起來。所謂正，並不是要把身子故意挺得很直，但也不能彎腰曲背。挺得太直了，容易傷氣；彎腰曲背又容易憋氣，氣出不來，氣不順。一定要端身正坐，不偏不倚，不俯不仰，這是調身的要領。要而言之，不寬不急是調身相。

四　調息

第四，調息。調息就是調呼吸。不管念佛還是修其他法門，調息是基本功。祇有把息調好了，纔是修定的開始，得念佛三昧纔有希望。息有四種相狀，一是風相。我們平常人呼吸聲音很大，這不是息，而是風。二是喘相。喘相即是不通順，快一下，慢一下。三是氣相，即呼吸很麤。這三種相都不是修定的正常息相。修定的正常息相應把心住在息上，使息出入綿綿，若存若亡。既沒有聲音，也不結滯，非常通順。

如果我們把息停留在風的階段，那我們的心就容易散漫，所以說「守風則散」。如果我們把息停留在喘的階段，則不通順，所以說「守喘則結」。如果把息停留在氣的階段，不但呼吸麤重，而且容易疲勞，所以說「守氣則勞」。

不管是散也好，結也好，勞也好，都不是修定的正常息相，祇有把息調整到不澀不滑，出入綿綿，若有若無，若存若亡的狀態，保持這種息相，我們纔容易得定，所以說「守息即定」。大家一定要記住息的這幾種相狀：所謂守風則散、守喘則結、守氣則勞、守息即定。守就是保持。

怎樣把念佛與調息結合起來呢？我們在念佛時，聲音不高不低、不急不緩、聲聲入耳、念念印心，念與息同步、息與念相融，使念佛之念與呼吸處於一種非常協調的狀態。呼一口氣，吸一口氣，叫做一息。譬如說，我們念「阿彌陀佛」四個字，出氣時念「阿彌」，吸氣念「陀佛」，這是一種方法。如果使用這種方法感到自己的呼吸非常急，念佛很吃力，這是因爲呼吸停留在風相和氣相上。呼吸調到了息相的時候，若存若亡，那就可以隨著呼吸默念佛號了。息相穩定了，純熟了，祇要有念佛這個意念存在就行了，不一定要念出聲音。息相穩定，淨念相續不斷，念到念而無念，無念而念，就是禪定現前，念佛三昧成熟。這種方法在我們打坐時可以用，平常走路、做事、睡覺時都可以用。

有時候我們對自己的呼吸很難把握，心容易散亂。默念佛號與呼吸保持同步，是攝心的一種方法。但有時默念佛號，因爲四個字（阿彌陀佛）或六個字（南無阿彌陀佛）很難與呼吸協調，很難與息協調，因此利用數息來攝心也是一種方法。就是以一呼一吸爲一個單位，從一數到十，然後再從一開始。每呼一次或每吸一次，數一個數字。數息也是很有效的修定方法，天臺宗的《六妙門》首先就是講「數息門」。這種方法同樣能夠止息妄想、深入禪定。

五 調心

第五，調心。我們講調身也好，調息也好，最終目的是要調心，把我們的心調到一個不沈不浮、意念清明的狀態，這纔是我們念佛修定所需要的心理狀態。調心有三個階段：一是入，二是住，三是出。「入」就是我們把前面這些問題都注意到了以後，就要使我們的意念或心進入禪定的狀態，這就是入。進入禪定狀態要注意兩點，一不能昏沈，二不能掉舉。所謂昏沈，就是當我們進入一種類似禪定的狀態以後，我們的意念不清明，或者是姿勢不對，如低頭曲頸，閉目彎腰，這樣就精神不振，墮入昏睡狀態。

掉舉就是妄想。如果感到昏沈，就把意念提一下，注意自己的鼻端，眼睛睜一睜，馬上就能清醒了。此刻又容易出現妄念（即掉舉）。對治掉舉的辦法是把意念移到丹田，注意息相，提起佛號，不要讓妄念插入，使淨念安住在禪定的狀態中。安住同時就是進入，兩者不可截然分開。在安住禪定狀態時，要保持意念清明。我平時强調修行要達到「輕安明淨」，「輕」是身體健康，「安」是心地安詳，「明」是不昏沈，「淨」是不掉舉。

怎樣從禪定狀態中出來呢？當我們修完一座，或者一個小時，或者四十分鐘，我們在禪定中非常安定，非常舒服，非常有效果時，要出靜就要注意先把意念從息念、從息相中引出來，開口放氣，想自己的濁氣從百脈隨意而散，微微搖動身體，擦熱雙手，撫摩兩眼，慢慢睜開雙眼，放下兩腿。放腿時也要按摩一下，待身熱稍歇，方可隨意出定。出定時一定要緩緩使身心放鬆，使自己的意念從安定的狀態中走出來，這樣就不會因爲出入禪定狀態的不得法而引起身心不安。

今天講的這些內容不但對大家打佛七用得著，平常自己在家裏修行也用得著。各位如果有興趣的話，可以把智者大師的《小止觀》從頭到尾反覆看幾遍，對我們修行是非常有幫助的。

最後，祝願各位在這次精進佛七中都能獲得不同程度的利益，爲平常修行打下良好基礎，爲成就佛道種下金剛種子。

謝謝各位！

一九九二年十二月八日，講於北京廣濟寺

原載《法音》，一九九三年，第二期

生活禪開題

在生活中修行

經常有信徒向我提問：「我們應該怎樣把學佛、修行落在實處？」我說：「應該把學佛、修行與生活有機地結合起來，在生活中落實修行。」

學佛的目的就是因爲我們生活在世間，有許多迷惑的問題要求得到解決，所以要學佛法；修行的目的就是因爲我們在生活中有種種煩惱、種種痛苦要求得到解脫，所以要修行。離開了每個具體的生活環境，不斷除每個人當下的無明煩惱，學佛、修行都會脫離實際，無的放矢。所以我經常强調，我們學佛、修行的人必須把佛法淨化人生（利樂有情）、淨化社會（莊嚴國土）的精神，完整地落實在生活中，落實在工作中，落實在做人的分分秒秒中；要使佛法的精神具體化，要使自己的思想言行與自己的信仰原則融爲一體，實現法的人格化，在生活中修行，在修行中生活。我們每個佛弟子能夠如是學，如是修，自行化他，令未信者信，已信者增長，就能夠使正法住世，佛日增輝，法輪常轉。我們之所以要提倡生活禪，其原因即在此。

禪天禪地

所謂生活禪，即將禪的精神、禪的智慧普遍地融入生活，在生活中實現禪的超越，體現禪的意境、禪的精神、禪的風采。提倡生活禪的目的在於將佛教文化與中國文化相互熔鑄以後產生的具有中國文化特色的禪宗精神，還其靈動活潑的天機，在人間的現實生活中運用禪的方法，解除現代人生活中存在的各種困惑、煩惱和心理障礙，使我們的精神生活更充實，物質生活更高雅，道德生活更圓滿，感情生活更純潔，人際關係更和諧，社會生活更祥和，從而使我們趨向智慧的人生，圓滿的人生。

生活的內容是多彩多姿，禪的內容同樣是極爲豐富圓滿的，而禪與生活（或生活與禪）又是密不可分的。這種密不可分的關係，既反映了二者的實在性，同時也展現了二者的超越性；而人們面對生活進行禪的體驗時所介入的對象又是無所不包的。正因爲如此，我們祇有從多角度透視禪的普遍性，人們纔能真正認同生活禪這一法門的如實性和可行性。從自然現象來說，滿目青山是禪，茫茫大地是禪；浩浩長江是禪，潺潺流水是禪；青青翠竹是禪，鬱鬱黃花是禪；滿天星斗是禪，皓月當空是禪；驕陽似火是禪，好風徐來是禪；皚皚白雪是禪，細雨無聲是禪。從社會生活來說，信任是禪，關懷是禪，平衡是禪，適度是禪。從心理狀態來說，安詳是禪，睿智是禪，無求是禪，無僞是禪。從做人來說，善意的微笑是禪，熱情的幫助是禪，無私的奉獻是禪，誠實的勞動是禪，正確的進取是禪，正當的追求是禪。從審美意識來說，空靈是禪，含蓄是禪，淡雅是禪，向上是禪，向善是禪，超越是禪。當然，還可以舉出更多現象來說明禪的普遍性，但僅此我們就可以發現禪做爲真、善、美的完整體現，它確實是無處不在的。

運水搬柴

我們的生活充滿著禪意和禪機，所謂「神通及妙用，運水與搬柴」，但大多數的人由於自我封閉，意識不到他本身具有體驗禪的潛能，這就叫做「百姓日用而不知」。這裏我們不妨拈兩則古人以日常生活爲契機而說禪、悟禪和行禪的公案，應該有助於加深對生活禪的理解。

晚唐時期一位龍潭和尚，他的師父是天皇道悟禪師。他在師父身邊待了很長時間，天天侍候師父。他覺得日子一天天過去了，師父並沒有給他指示禪機心要。

有一天，龍潭和尚向師父發問道：「某自到來，不蒙指示心要。」

他師父即說：「自汝到來，吾未嘗不指示心要。」

龍潭問：「何處指示？」

師父說：「汝擎茶來，吾爲汝接；汝行食來，吾爲汝受；汝和南時，吾便低首。何處不指示心要？」

龍潭聽了師父的開導，低頭良久不語。

師父說：「見則直下便見，擬思即差。」

龍潭在師父逼拶的這一瞬間，不容思量卜度，當下心開意解，悟道見性了。

於是他又進一步請教師父：「如何保任？」

師父說：「任性逍遙，隨緣放曠。但盡凡心，別無聖解。」

這則公案清楚地告訴我們這樣一個事實：作爲禪者的生活，它處處流露著禪機，學人祇要全身心地投入進去，處處都可以領悟到禪機，處處都可以實證禪的境界。同樣重要的是，這則公案還告訴我們悟後的保任工夫是「但盡凡心，別無聖解」。

在生活中體驗禪的關鍵所在是要保持一顆平常的心，所謂「平常心是道」。下面的一則公案所包含的深刻內容，對怎樣在生活中保持平常心或許會有所啓發。

有源律師問慧海禪師：「和尚修道還用功否？」

師曰：「用功。」

曰：「如何用功？」

師曰：「飢來喫飯，困來即眠。」

曰：「一切人總如是，與師用功同否？」

師曰：「不同。」

曰：「何故不同？」

師曰：「他喫飯時不肯喫飯，百種須索；睡時不肯睡，千般計較。所以不同。」

禪者的喫飯、睡覺與一般人的喫飯、睡覺有著這樣大的差距，這就是我們還不能在穿衣喫飯的日常生活體驗禪的根本癥結所在。我們如果去掉喫飯時的「百種須索」和睡覺時的「千般計較」，我們當下就可以與歷代禪師同一鼻孔出氣。

滿天星斗

生活中的禪是如此靈動和現成，自然界又何嘗不是呢？如果滿天星斗不是禪，釋迦牟尼佛就不可能因睹明星而覺悟成佛；如果潺潺流水不是禪，洞山良价禪師就不可能因過小溪睹水中影而打破疑團，落實人生；如果鬱鬱黃花不是禪，靈雲禪師也不可能因見桃花而開悟。大自然到處都呈現著禪的空靈與恬靜、悠遠與超越、真實與現成，所以陶淵明能留下「採菊東籬下，悠然見南山」的千古絕唱，蘇東坡能留下「溪聲盡是廣長舌，山色無非清淨身」的禪苑清音。

在中國古典詩詞的汪洋大海中，深含禪意的佳篇名句俯拾即是。像王維的：「行到水窮處，坐看雲起時。」宋代一位比丘尼的悟道時：「盡日尋春不見春，芒鞋踏破嶺頭雲。歸來偶捻梅花嗅，春在枝頭已十分。」特別是蘇東坡的《琴詩》，簡直就是老僧談禪，空靈絕妙：「若言琴上有琴音，放在匣中何不鳴？若言聲在指頭上，何不於君指上聽？」天公造物，緣滅緣生，無處不呈現著禪的生命。

昔有座主問南陽慧忠國師：「古德曰：『青青翠竹盡是真如，鬱鬱黃花無非般若。』有人不許，是邪說；亦有人信，言不可思議。不知若何？」

師曰：「此蓋是普賢、文殊大人之境界，非諸凡小而能信受。皆與大乘了義經意合。故《華嚴經》云：『佛身充滿於法界，普現一切眾生前，隨緣赴感靡不周，而恒處此菩提座。』翠竹既不出於法界，豈非法身乎？又《摩訶般若經》曰：『色無邊故，般若無邊。』黃色既不越於色，豈非般若乎？此深遠之言，不省者難爲措意。」

在禪者的心目中宇宙是完整的，精神與物質是一體的。所以禪者認爲「何處青山不道場」，四時美景充滿禪機：「春有百花秋有月，夏有涼風冬有雪，若無閑事掛心頭，便是人間好時節。」

我們的生活到處充滿著禪意與禪境，我們每個人本來都應該生活得非常輕鬆愉快、瀟灑自在，但我們大多數人並沒有這種感受，相反地，都覺得生活得很累，很累。是甚麼原因呢？實在我們的「閒事」太多太多了，所以纔覺得「人間」沒有「好時節」。如果我們從生活中找回禪的精神（其實它從來沒有離開過生活），讓生活與禪打成一片、融爲一體，我們的生活便如詩如畫，怡適安詳了。

生活禪提綱

提倡生活禪是試圖在佛教衆多的修持法門中選擇一種既能達到明心見性、解脫生死的終極目的，又能適應現代人的生活環境的修行方法。爲了使生活禪的學、修、用在認識上和實踐上順於正法、適應當機，我們擬訂了修學生活禪的初步提綱，並希望它在實踐中得到充實和完善。

一、宗旨：繼承傳統（契理），適應時代（契機），立足正法，弘揚禪學，開發智慧，提升道德，覺悟人生，祥和社會。

二、教典所依：

㈠、佛言：《心經》、《金剛經》、《華嚴經・普賢菩薩行願品》、《妙法蓮華經》、《楞嚴經》、《維摩詰經》。

㈡、祖語：《大乘起信論》、《略辨大乘入道四行》、《修習止觀坐禪法要》、

《六祖壇經》、〈證道歌〉、《趙州語錄》、《臨濟語錄》、《禪門鍛煉說》。

三、修行三要：

㈠、具足正信：以三寶爲正信的核心，以因果爲正信的準繩，以般若爲正信的眼目，以解脫爲正信的歸宿。

㈡、堅持正行：以三學爲修學的總綱，以四攝爲利他的方便，以六度爲修學的正行，以老實做人爲修學的起點，以輕安明淨爲修學的驗證。

㈢、保任正受：行亦禪，坐亦禪，語默動靜體安然。

四、理念展現：

在盡責中求滿足，在義務中求心安，在奉獻中求幸福，在無我中求進取，在生活中透禪機，在保任中證解脫。

原載《禪》，一九九三年，第一期

問禪寮答問

修禪的上根利智

問：修禪要上根利智的人，我很擔心自己不是那樣的根器。甚麼是修禪的上根利器呢？

答：修禪要上上根器的人，修禪的下手工夫就較高，從此角度講，能夠在當下就敢於承當自己是佛，時時處處都按照佛的標準要求自己，這就是上根利智的人。

上上根器的人並非生來就是的。一個人祇要是敢於直下承當、敢於自尊自信與佛無二無別，那麼他對自己就會有嚴格的要求，這種人就是上上根器的人。如果想我怎能是佛呢？佛是那樣的智慧圓滿、功德莊嚴，我是這麼平庸渺小。這種自己看輕自己的人絕不是上根利智的人。

佛與衆生從本質上沒有差別，若有差別，祇不過佛是成佛的衆生，衆生是沒有修成的佛。要有這樣的勇氣：釋迦牟尼能成佛，我爲何不能成佛？阿彌陀佛能發願成就西方極樂世界，我也能發願成就一個我的世界。《焰口》上講：「舉眼直下承當，更莫疑心錯過。」要敢於直下承當。起點既高，對自己要求也就會嚴，成就就大，這是成正比的。其典型是六祖惠能大師，一個文盲、樵夫，但他起點高，所以就有大成就。因此，最自尊自愛的人就是把自己看成跟佛無二無別，這也就是修禪的上根利器。

家人理解的基礎

問：我的丈夫對我信佛不太理解，老以為佛教是燒香磕頭等一些愚昧的事情，我怎樣纔能消除他的誤解呢？

答：作爲一位在家佛教徒，要時刻注意自己所承擔的社會、家庭責任。你是妻子，那就要體貼、關懷自己的丈夫，丈夫下班晚了要先把飯菜準備好；天氣寒溫變化要提醒他增減衣服；要多承擔瑣碎的家務活等等。你還是一位母親，那就要關心愛護子女，使他們真正信賴、熱愛你。這樣，你就會成爲一位好妻子、好母親。

你學佛以後，你的丈夫和孩子慢慢感到，你變得比以前更熱情、更耐心，你的笑容多了，對他們的關懷多了，做事更有精神了；你的愁眉苦臉少了，你的牢騷沒了，脾氣不發了。這時候，他們就會想：是甚麼導致你發生這些變化的呢？是佛教。這樣，他們對佛教的誤解也就漸漸消除了。

至於說愚昧，我們愚昧的事情可是太多了，人與人之間互相傾軋、爾虞我詐，不愚昧？爲名利奔波往返、戚戚惶惶，不愚昧？戰爭頻仍，同類相殘，不愚昧？人與自然的關係破壞到如此地步，不愚昧？街上假藥、僞劣商品泛濫，不愚昧？——而佛教讓我們理解社會人生的因果教訓，進而做自己命運的主人，改善自己的生活，怎麼說是愚昧呢？

坐禪、誦經及其他

問：甚麼時候打坐參禪為好？

答：坐禪修定要在精力旺盛的時候、精神狀態最佳的時候纔能進行。喫得太飽了、肚子餓了、瞌睡來了或身體不好的時候，都不能打坐，因為這時打坐沒有效果。

這是講「坐」，重點在「定」上，而如果把重點放在「慧」上，則無時無處不可以修慧了。

問：打坐時可不可以點香？

答：可以，在家一般點一支香。點多了並不是甚麼禁忌，而是香味太濃，容易產生刺激，所以燒香最多不超過三支，最好一支。另外，建議大家買質量好的香，如象藏香等。

問：初學禪的人，除了打坐參禪外，持咒、誦經也是必要的嗎？

答：應該是的。咒語能加持，經書能使我們藉教悟宗，並且是指引我們修行道路的路標。

問：一般念甚麼經為好？

答：我讓我的在家弟子早上念〈普賢行願品〉，以修福爲主；晚上念《金剛經》，以修慧爲主。這就是福慧雙修，即成佛的資糧。所以在家佛教徒不必像寺廟每天的早、晚課那樣，祇要協調好工作和生活，早晚堅持誦上述兩部經就很好。

問：打坐時可以念佛嗎？淨土與禪能不能同時修？

答：不要把打坐看作是禪宗，打坐是佛教修行的最基本的形式。不管那一宗，打坐是基礎，參禪、持咒、持戒、學教、念佛都離不開打坐。打坐是形式，念佛與參禪是內容。

念佛與參禪的具體入門步驟應該是相同的，譬如怎樣選擇修行的環境，怎樣調身、調息、調心，兩者沒甚麼差別。從修行的形式上講，法門之間並沒有太大的差別。

念佛與參禪在用功的心態上是不同的。現在修念佛法門的多以持名號爲主，要求念念相續，一心不亂，以求往生西方極樂世界爲目的，以見到佛的相好爲修行的驗證；參禪則以觀察照顧我們的心態爲主，祇求我們心態的寧靜安詳和智慧開發。至於臨終到那個地方去倒無所謂，祇要時刻自覺自照，處處能把握自己，能現證涅槃，到地獄去也照樣度衆生。佛教的各種法門不應互相衝突；衆生的根性不同，適應的法門不同，解脫的目標是一致的。有一類衆生感到個人的力量很小，單憑自力修行信心不足，祇有依靠佛、菩薩的加持力，修行纔有保障；也有一類衆生敢於直下承當，希望當下作主，憑自力來求得解脫。根據衆生根性的種種不同，佛說了種種法門，好像醫生針對不同病人，開了不同藥方，其目的都是治好病人的疾病。藥到病除，藥方也就成了多餘的，不要在藥方上計較，重點是要把我們的病治好。還要特別强調一下，這裏所說的他力解脫和自力解脫都不是絕對的。他力中有自力，自力中亦有他力。

念佛念到一心不亂，得了念佛三昧，與修禪就沒有甚麼差別。不能把禪、淨截然分開，念佛本身也是修禪定，所謂念佛禪。但是在初入門時還是一門深入爲好，以免雜用心。有禪淨雙修一說，但在入門時不易做到。

問：修禪有沒有最便捷的方法？

答：時時刻刻觀察我們的心態，可以說是最便捷的方法。這比專參話頭更容易入門、容易見效果。

一天二十四小時，連睡覺在內，分分秒秒中，我們的意念沒有瞬間休息，生生滅滅，每天都是一筆糊塗帳。沒有修行的人，心態是不平衡的，總是在受外界的引誘，喜怒哀樂，隨環境而轉變。修禪的人，心態是安詳的，逢苦不憂，逢樂不喜，時時刻刻都在觀心，使我們的心態在二六時中處於光明清淨空朗的狀態之下，做到念念自知、自覺，最後便可一念不生。這非常難，但最易獲得效果。

觀心，簡言之，就是時時刻刻照顧當下的一念，生活在現在，生活在當下，不追憶過去，不設想未來。我們平時依照此法訓練此心，修行的對象和環境就非常靈活。要做到這樣並不那麼容易，必須通過專修，如參加禪七或早、晚有專修的時間，這樣在平時修行纔容易上路。

問：我平時念佛不能成片，時斷時續，這樣念佛能開悟成佛嗎？

答：你這是散心念佛。散心念佛衹要時刻提起，把意念集中在佛號上，日久功深，自能純熟。念佛與參禪的目的，從佛教的宗旨來說都是要求開悟，要求明心見性。不論禪、淨，修定是共同的，靜坐下來默念，譬如每天一至二小時，這種定心念佛比散心念佛成就快。

默念佛號要注意慢慢念，念快了傷氣，影響身體。要使意念與佛號同步，排除雜念，但也不必用心制伏雜念。有意制伏雜念這本身又是雜念了。當然從根本上講念佛本身也是一種雜念，這是以妄制妄，以毒攻毒，到最後真正念到一心不亂，那就連這個念佛的心也沒有了，全身心是一句佛號，那時就相應了，真正達到了心佛不二的要求。

憶佛念佛，現前當來必定成佛。每個法門都能成佛，都是究竟的。佛說的法門都是教導衆生如何修道成佛，都有一個完整的修行次第和思想體系。如果那個法門不能成佛，那就不是究竟法門。念佛修慧，還要修福，要廣行六度四攝，福慧雙修，纔能成佛。

問：我是一名氣功愛好者，覺得氣功在許多方面與禪相近。我想皈依佛教，又擔心皈依後能否繼續練氣功？

答：修禪的入門方法與氣功確有相通之處。但兩者目的不同，效果也就不同。氣功是一種有求著相的修行；佛教的修行是無所求的修行，不是要得到甚麼，而是要隨時隨地捨掉甚麼。捨掉貪、瞋、癡，就能成就戒、定、慧。學佛是以面向全體衆生爲修行的出發點，在解脫衆生苦惱中淨化自己的心靈，提升自己的道德，完善自己的人格。

皈依佛教以後，可以把練氣功作爲一種强身健體的活動，但不要皈依它，佛教的修行還沒有上路時，先保持這種方法，但可以把佛教的內容加進去。等修行上路了，自然就不練了。

問：我都六十歲了纔有緣皈依佛門，學甚麼都太老太晚了，好多人勸我祇管念佛就行了。可以嗎？

答：可以。老年人修念佛法門容易得到受用。人生難得，佛法難聞。知命之年比起青年人來是老了一點，但與那些對佛法一無所知或懷有種種誤解的人相比並不晚。老年學佛，不要覺得自己信佛太晚而產生畏難情緒，正因爲我們是六十歲的人了，比青年人更應勇猛精進，要有「朝聞道，夕死可矣」的勇氣和信念。祇要真正體會到生命的緊迫感，也許會比青年人更快地得到受用，更快地與佛法相應。

在家庭中，六十歲的人所處的位置很重要，上上下下都有關係，有兒孫、老伴，或上面還有老人，要做好協調工作。有的人學佛後便與家人對立起來，整天祇顧燒香、磕頭、念經，屋子裏供了許多菩薩，像進了廟堂一樣，生活上也是彆彆扭扭，這樣學佛便不能與家人達成共識的。

學佛以後，一定要比沒有學佛時具有更寬廣的胸懷，更高一層的思想境界。在協調好家庭生活關係的基礎上，使家人逐步接受道德與智慧的教化，最終成爲佛教的家庭。

問：「放下屠刀，立地成佛」的真正含義是甚麼？業障真能消除嗎？

答：這個成語原爲佛教徒勸人修行的話，這裏「成佛」是個譬喻。作惡的人祇要決心悔改，就會變成好人，業障固然不能全消，但至少從今以後不做壞事了。

問：怎麼樣纔能加入佛教？

答：皈依三寶是進入佛門的第一步。三寶即佛寶、法寶、僧寶。要想成爲真正的佛教徒，首先要起信（理解佛教、瞭解佛教、認同佛教），然後要發心（親近三寶、信仰三寶、供養三寶），從而皈依三寶（擇師、懺悔、受持三皈）。這就是加入佛教的三個步驟。因此，一個正信的佛教徒首先應信奉三寶、皈依三寶。

問：我不敢受五戒，但決心按五戒來生活，這是否具有與受戒同樣的功德？

答：不同。凡爲佛子，第一大事便是受戒。凡受了三皈的人，應該繼續發心，求受五戒。五戒包括不殺生、不偷盜、不邪淫、不妄語、不飲酒。這五戒是一切佛戒的基礎，是在家佛教徒對自己生活、修行最起碼的要求，也是成佛、度衆生的基礎。

戒是師師相授的，講求戒體的傳承與納受，唯有受了具足戒的人，纔能將戒法傳給他人，此一戒體，是直接傳自佛陀，受戒而納受戒體，便是納受佛的法身於自己的心性之中，以佛的法身融入人人本具的法身，以期引導各人自性是佛的發明或證悟。不受戒而按五戒生活，祇是形式上的遵守，並無戒體的納受，功德是有限的。皈依三寶之後的納受佛戒，纔是成佛之道的開始起步。

不敢受戒者，往往是擔心受戒後犯戒而加重罪過，或者是對守戒有種種疑慮。佛法不違世法，佛教的戒律也不違背國家的法律，不是不受戒做了壞事就沒有責任。一個人必須對自己的行爲負責。我們應通過學習五戒、受持五戒來樹立慈悲的觀念、道德的觀念、智慧的觀念，增進我們的道德情操，完成人格。

問：我在寺廟看到園工給樹木噴灑農藥，這豈不是殺生嗎？我們在生活中又該怎樣持不殺生戒？

答：不要把不殺生戒無限制的擴大。不殺生，其主要對象是指的人類，所謂：「不故斷人命。」「故」是指懷有極端瞋恨心直至非把他人置於死地而後已。所以佛教的戒律是結合動機和效果兩者來衡量犯戒的責任的。對於其他一切有生命的東西，我們祇要從慈悲的觀念出發，加以尊重愛護。

入夏之際，國家園林保護部門都要給樹木花草噴灑農藥，防止蟲害；寺廟爲了保護林木的生長，爲了維護佛門淨地的清淨莊嚴，自然也不例外。在日常生活中，不少居士很爲傷殺螞蟻蚊蟲、喫葷喫素等問題而煩惱，守戒成爲精神負擔。爲了維護人類自身的資生財物，對於有害的蟲蟻，是必須預防、驅除的，但這是不得已而爲之，決不能懷有殺心，應自責於心，發悲願，願其投生善類，願其終將成佛。

問：常常在大城市遇見乞丐，寺廟門口乞丐更多，尤其是開法會的時候，有些人身強力壯卻專以乞討為生，給他錢不理智，不給他又不慈悲。我感到困惑，請指示對待方法。

答：對於乞丐，我們要憐愍他，乞丐衣衫破舊，蓬頭垢面，乞討度日，人的尊嚴受到極大的扭曲和摧殘。他們的相貌也已改變，毫無智慧福德之相。這種人是最可憐的，最需要幫助的。我出門時，一般隨身備些零錢，遇著乞丐向我乞討，就給他一點，不管他是真乞丐或假乞丐。

問：我的兒子七歲，愛動愛鬧，總是靜不下來，有甚麼教育辦法？

答：這樣年齡的男孩正處於好動的階段，過了這個階段，就會好一些。每個人一生下來都有一些基本的天性，不過這個天性不是不可以改變的。你們做父母的要注意孩子生活起居的各方面。室內佈置得整齊、乾淨，在屋內養一些吊蘭，多一些綠色，綠色能使人心性平和。喫飯也要注意，辛辣、刺激性的食物要少給他喫，肉食也要少喫，多喫些新鮮蔬菜。看電影、電視、圖書、畫冊，凡是打鬥喧鬧的不要給他看。父母的言行對孩子影響很大，做父母的首先要心平氣和、輕言細語，有意見分歧不要當著孩子的面爭吵。這樣給孩子無形的熏陶，使他養成文雅、溫和的稟性。星期天、節假日，可以帶孩子到風景幽雅的公園或野外去遊玩，使孩子沐浴在大自然優美的景色裏，教育他愛護花草樹木，培養他熱愛大自然的情操，大自然就能調和人的心性——這樣從各方面熏陶孩子，就能改變他的氣質性格。

原載《禪》，一九九三年，第一、二、三期

參禪與開悟

禪，嚴格地來講，是生活的一種境界，是人面對一切事物，特別是在處理自己的身心問題時所採取的一種方法，也是我們通過修禪的行爲所得到的一種體驗。從這個意義上說，我們給了禪三種界定：一禪是一種境界，二禪是一種方法，三禪是一種實際的體驗。這三者不能截然分開，甚至可能是沒有先後次序而出現的，尤其是當它成爲一種境界時，它同時也就是一種方法、一種體驗；同時在使用這個方法時，境界、體驗也隨之出現。既然如此，禪就不僅僅是一個知識的問題，而它的境界、體驗也不可能通過語言真正表達出來，祇能通過一定的方式方法、通過具體的指導而親自展現出來。

古代禪師指導人們去參禪、去體會禪的時候，並不是像現在這樣滔滔不絕地講一番道理。古代的人接觸禪，必定是他的思想上首先具有一些問題，而且這些問題是醞釀了很久、思考了很久的，也就是說他的胸中堵著一個百思不得其解的疑團，這個疑團通過知識解決不了，便祇有帶著疑團去尋師訪道。在尋師求道的過程中，大部分情況是碰到一位老師但是根本不投機，直到這位學生和老師的機緣相契合，他的這個疑團纔一下子解開了，就像閃電一般轉瞬間劈散了所有的疑雲，這就是所謂的開悟。

現在我們發給諸位的《六祖壇經》，記載了六祖本人修行開悟的過程、實際體驗，也記錄了他指導弟子修行、令其開悟的實際情形。正如我剛纔講的，他的弟子都是帶著一個疑團來求教的，往往是祇經過三言兩語，老師給他一點，疑團便解決了。其中最明顯的例子就是永嘉禪師到六祖門下求印證的典故。

永嘉玄覺禪師是在浙江學天臺宗的，已很有成就，在當時是大法師、大和尚。而六祖在嶺南弘法，在當時交通不便的情況下，廣東、廣西被視爲蠻夷之地，那裏人好像是「不開化」的人。但在那麼「不開化」的地區出了這麼一位赫赫有名的禪學大師，所以永嘉禪師就帶著一個問題去參訪六祖。由於永嘉本身是很有學問的大法師，而六祖文化較低，所以他去了以後並不馬上就禮拜六祖，而是拿著錫杖，繞六祖的法座三匝，然後站立在他的座位前面。六祖這纔開始說話：「那兒來的這麼個大沙門呢？到這兒來不但不禮拜反而產生了我慢心，……」二人之間的問答就這樣開始了。對話不到三句，永嘉禪師就得到了受用，獲得了印證。接著他便要立即離開，一晚上都不住，因為他解決了問題嘛！六祖還是留他住了一宿，這就是後來佛教中流傳的一段佳話，叫「一宿覺」。永嘉參了六祖以後，回去寫了一首〈證道歌〉，這個〈證道歌〉也是禪宗修行一個非常重要的文獻。

那麼這個令人百思不得其解的疑團，這個一心想解決的疑團，是一個怎麼樣的狀態呢？是怎麼產生的呢？就像各位現在這樣，你們為甚麼要組織這個禪學社呢？它一定有思想深處的考慮在起作用。覺得自己沒有問題，沒有思想深處的矛盾，也不需要向禪找答案，這個社團就不會成立。那麼這個社團的文字上的說明和章程，和你們每個人內心考慮的問題就不是一致的。表現在文字上的是表層的東西，而你們內心深處的真正的課題是甚麼呢？就是我們對於自己的生命奧祕的疑惑，以及面對周圍的一切時我們的心安不下來。我們的生命把握不住怎麼辦？

我想世間的所有問題，人生的一切問題中，這是最根本、最重要又最難解決的問題。有些人庸庸碌碌、醉生夢死，對這個問題漠不關心，並不等於這個問題不存在。真正有智慧的人，有理性思考的人，都要解決這個問題，不把這個疑問弄個水落石出，一個人活著就帶有很大的盲目性，就没有甚麼意義。

怎樣解決這個問題呢？答案就是佛教禪宗中講的：要修行、要參禪。這不是件輕而易舉的事，而是生命的搏鬥。爲甚麼這麼說呢？因爲當我們平常不考慮這個問題，不關心這個問題，不要求解決這個問題的時候，我們的一切都是順著客觀環境在那裏流轉，是順流而下，愈流愈遠，這就是所爲順污染、順生死、順迷妄；而如果要解決這個生命之謎，就要喫一番苦，要進行一場生命的搏鬥，就是說我們不能順流而下，不能順迷妄，要順智慧；不能順生死，要順解脱。在兩條道路的抉擇當中，由於我們人有惰性，由於我們多生多劫以來都是順著生死、順著迷妄這種種習氣、毛病在流轉，因此要一下子改過來，朝著解決生命之謎的方向走，不是件容易的事，所以說是一場搏鬥。

這場搏鬥能不能解決問題呢？應該說，解決不了。這場搏鬥實際上祇是淨化我們生命的過程，但我們的生命如果得不到淨化，開悟是没有希望的，人生的轉變、人生的徹底覺悟也就没有希望。所以要求得人的安身立命，不是輕而易舉的事，要經過相當長的時間，來刻苦地扼制自己多生多劫的習氣，要淨化我們的生命，要使我們的一切思想、一切行爲都能順智慧、順解脫，而戰勝迷妄、生死，這纔是修行的開始，纔是向著禪的崇高境界出發。經過這樣一段時間後，自己真正能夠平時把持得住自己的身心，把握得住自己生命的方向，在一定的環境之下，在一定老師的指導之下，纔能真正有生命覺醒的機會，所謂生命的覺醒叫做開悟。

開悟以後是一種甚麼樣的境界呢?當然，古人對此作了種種譬喻，現代人也說了種種譬喻，但是開悟畢竟是自己對禪、對自己生命的一種切實的體驗、一種受用，所以要想用語言把它給恰如其分地表達出來，是不太可能的。所以古人總是用「如人飲水，冷暖自知」這個話啓發人們去體會，去到自己的生命的碰撞當中、生命的搏鬥當中求得自己生命的覺醒。有的人說，開悟的一刻就像走失的遊子忽然在十字街頭見到自己的親爹娘那樣喜悅，也有人說，開悟就像丟失了寶貝，找了很久也找不到，忽然有一天失而復得，那種喜悅的感受衹有你自己纔能體驗得到。當然還有其他各種譬喻，但這種種語言上的描述都不能代替開悟本身，聽了這些介紹後，我們也不會有真正的親切感受，所以開悟要自己去體驗。

佛教裏講的所有法門，目的都是證悟，所以《法華經》上面說：「佛以一大事因緣故出現於世。」甚麼是「一大事因緣」呢？爲了衆生開示悟入佛之知見，佛之知見也就是我們每個人的知見，因爲我們每個人在本性上與佛是無二無別的。所以，開悟是佛教裏求得解脫、求得證果的一個核心問題、中心問題，也是一個總問題。是不是開悟以後一切問題都解決了呢？不是的！所謂開悟，用教下的話來講，就是見道，見甚麼道呢？見我們要修行的道，要成佛的道。這個問題搞清楚了，以後去修行纔不會迷失。用我們現代的話來講，我們見了道，纔能在工作、學習和做人中有一條正確的路線，我們生命的發展纔有一個正確的方向，我們做人纔真正有了把握。

禪宗講的開悟、修禪並不如我們平時所理解的的那樣，要關起門來離羣索居。禪宗的修行要在生活中進行，而絕不能脫離實際。整個佛教就是要指導我們在實際生活當中有一個正確的方向而已，也就是要我們在工作、學習中順智慧、順解脫，而不順生死、順迷妄。把這個問題解決了，找到一個正確方向以後，我們做任何事情都可以是修行，都可以是參禪，都可以開悟。這在禪宗裏叫「歷境驗心」，在一切境界裏考驗我們這個心，也就是在日常工作裏保任此心。怎樣保任呢？就是保持自己的一份寧靜、安詳、智慧，使我們的生活，我們的內心經常處於一種平衡的狀態，穩定的狀態，安詳的狀態，不至於燥動不安，這樣我們就必須要在我們的思想深處注意我們的心態。從那幾個方面來注意呢？一事當前的時候，可能產生的最根本心態不外乎三種。一種是對所謂好東西，好喫、好看、好玩的，產生貪著之念；第二是對那些不好的東西，或者是人，或者是事，產生一種瞋恨之心；第三是對於很多的問題、很多的事物、很多的觀念，我們不能用很理智的態度去處理、觀察，而產生一種愚癡的心態。這是佛教的三個根本煩惱：貪、瞋、癡。與它們相反的叫戒、定、慧。我們平常注意自己的心態就是從這三個方面去衡量，如果能不貪、不瞋、不癡，便會有戒、定、慧來把持自己的心態，使心靈處於一種平衡、寧靜的狀態，我們的學習、工作、生活就會很安寧，很平靜，很順利。所以平常注意保持自己的心態，是修行的一個開始。

能夠長期這樣保持下去就有上路的一天，就有開悟的一天。用色彩較濃的話講，要保持這種心態是一種搏鬥；用色彩較淡的話來講，就是經常注意自己的心態，使它處於一種平衡、統一、穩定的狀態。特別是我們年輕人，在當前的社會環境下，在外界的誘惑力特別强的情況下，又處於一個思想最活躍、性情最不穩定的年齡，所以注意保持自己的心態顯得特別重要，因爲這是你以後學習、生活、工作的起點。

一九九三年三月，於廣濟寺雲水齋對北京大學禪學社同學的談話

談談比丘尼的自身建設

這次是我在「文革」後第四次到江西來，但到天寧寺還是第一次，這次蒙一誠大和尚慈悲和省佛協的安排，到這裏與各位結結法緣。這裏是尼衆培訓班，所以我就談談比丘尼的自身建設問題。下面分三點來談。

一　加强戒律意識

第一、加强戒律意識。不管是比丘尼也好、沙彌尼也好，還是式叉摩那也好，做爲一個出家修行的女衆，首要條件就是要有戒律意識。那麼如何來加强我們的戒律意識呢？我想從以下幾方面加以說明。

㈠ 學戒

一是要學戒。今天在座的既有比丘尼，又有沙彌尼，還有式叉摩那，應該根據我們的身份來學習戒律。比丘尼戒有三百四十八條，還有八敬法，在佛教傳入中國以後，特別是在今天這個社會中，我們已不可能完全按佛制三百四十八條戒生活了，但是我們必須學習這些戒條，因爲祇有知道了這些戒律以後，纔知道如何去持戒，那些是可以開的，那些是不可以開的。譬如有關比丘尼的八敬法，還有比丘尼的八根本戒和十七僧殘戒，那是絕對不能開的。至於那些有關生活細節上的戒條，由於印度的生活習慣和文化意識與中國不同，有些戒條就很難一一守持。但做爲一個比丘尼來說，對於這些戒律都必須很好地學習，並根據自己的情況盡量都守持。所謂：「戒為無上菩提本。」。守戒是我們學佛的根本。三無漏學以戒爲根本。當然有關的問題今天不可能展開來講，在這裏祇能簡單地講講學戒的重要性。因爲戒律是約束我們身心的規章制度，如果我們不學戒，就連犯了戒也不知道。所以祇有學習了戒律以後，纔能有所取捨地去持戒。

㈡ 護戒

二是要護戒。護持戒律既包括我們每個人自身的選擇，也包括管理寺院的人如何按照戒律的原則，安排寺院生活。這裏所說的生活的含義比較廣。要使我們的戒體能夠清淨，自己必須善於選擇適合自己修行的地方，選擇能夠使我們持戒清淨的地方安居、學習、修行，這就是古代所說出家二衆要參方、要行腳、要參訪善知識，其目的就是使我們能夠選擇一個適合自己修行的環境，然後很好地修行。

在現代社會裏，特別是在中國佛教經過十年浩劫，元氣大傷的情況下，如何選擇一個有利於我們修行的生活環境，是非常重要的。怎麼選擇呢？第一點，應注意那兒有沒有能夠使自己親近並教導自己修行的善知識；第二點，應看那地方適不適應於自己修行。有的地方，雖然有善知識，但地方太繁華，或是管理不善，或是人事上的矛盾太多。這樣的地方，儘管有善知識，也不利於我們的修持。第三點，比丘尼的寺院與比丘的寺院要保持一定的距離，這樣不僅有利於我們有機會親近大僧，向大僧學習請益，而且使我們在生活上有一種安全感。佛陀在制戒律的時候，是把比丘尼住的地方與比丘居住的地方規定在一定的範圍之內，便於比丘尼隨時能夠聽開示。

還有一點值得注意的是中國佛教在民國年間，還可能更早一點，就有僧尼雜居的現象。這種現象小廟有，大寺院也有。僧尼雜居固然有種種譏嫌，也容易產生這樣那樣的問題，會使我們在守戒方面造成一些不利的影響。尤其是小廟，更不應僧尼雜居，這一點我們要特別注意，僧尼雜居是造成我們佛教形象敗壞、道風墮落、持戒不淨的重要原因。

大家都知道，五十年代，在江西弘法的虛雲老和尚，他住持的叢林是絕對不讓僧尼雜居的。但他也爲比丘尼的修行創造一定的條件，譬如他在南華寺的時候，就專爲比丘尼修了一個寺院叫無盡庵。讀過《六祖壇經》的人都知道，六祖的一個大弟子叫無盡藏比丘尼，這座庵就是爲紀念他而修建的；無盡庵和南華寺相距大約兩華里。戒律規定僧伽居住的場所有一定的範圍，這種範圍的規定叫做「結界」。按戒律的精神，一般大界在五華里之內，小界一華里。比丘、比丘尼分居在同一界內的兩座寺院，對比丘尼來說，既可經常親近大僧、又解決了僧尼分居的問題。虛老在雲居山，當時條件非常困難，要馬上爲比丘尼修一個廟不大可能，就在老和尚住的茅蓬的西頭分出五六間房給比丘尼居住。現在雲居山的條件比較好，山腳下有瑤田寺，山腰有圓通寺，後山有雲門寺，都是比丘尼的道場，他們也可以經常到山上去親近大僧。

像這樣的規劃安排就是如法如律的。如法就是符合佛法的道理，符合法的要求；如律就是符合戒律的要求。所以我希望在尼衆培訓班學習的各位尼衆大德，將來回到自己的寺院，如果還有僧尼雜居的地方，應逐步創造條件，做到僧尼分居，加强我們的戒律意識，從環境中創造有利於持戒的條件。當然這些問題幾天也講不完，在這裏我祇能從正面講講它的重要性。這是我講的有關比丘尼的自身建設的第一個問題。自身建設要以戒律爲基礎，離了戒律來講自身建設就無從談起。

二　加强文化意識

第二，加强文化意識。一是要加强佛教本身的文化意識；二是要加强尼衆本身的文化意識。

一 加强佛教本身的文化意識

怎樣加强佛教本身的文化意識呢？現在有不少人認爲佛教是迷信。實際上，他們對佛教根本没有做過系統的瞭解，僅僅是憑主觀臆斷，看到我們燒香、磕頭、喫齋、拜佛，以爲這些就是佛教的全部內部，並由此斷定佛教就是迷信。他們在不瞭解佛教究竟有那些内容的情況下就下結論，應該說這本身纔是真正的迷信。佛教强調自信，要我們相信自己，要我們把握自己的命運，選擇自己應該走的路。像這樣的宗教，能說它是迷信嗎？但是如果我們出家人，特別是尼衆大德們，祇知道燒香、拜佛、打坐、誦經，不知道爲甚麼要這樣做的話，那就很可能被人問得啞口無言，更無法宣傳佛法、弘揚佛法，也無法讓更多的人分享佛法的利益。所以我們要加强自身的文化素質。

佛教既是一種宗教，又是一種哲學，更是一種文化。所謂「文化」是一種廣義上的文化。把這幾方面綜合在一起，佛教又是一種生活。人們把佛教徒的一切佛事修持活動稱之爲過宗教生活，這種說法是意味深長的，就怕我們自己没有認真地把修持當成生活！我們必須把戒、定、慧三學落實到生活中去，與生活融爲一體，纔是全面地體現了佛教的教義和佛教的文化。我們衹有全面地理解佛教教義，纔能做到把佛教的原則變成我們的生命，也就是説要使我們在一言一行當中，充分體現出法的力量，使法人格化、具體化。如果法的精神不能和我們學佛者的生活結合在一起，那麼法將永遠沒有甚麼作用。佛法的精神和我們的生命結合在一起，和我們的生活結合在一起，成爲我們的行動，佛法纔能成爲所向披靡的智慧寶劍和威力無比的精神力量。

遠的例子不講，就説你們這座天寧寺是怎樣修起來的。你們的當家師在這樣困難的條件下，歷經千辛萬苦，修建了這樣一座清淨莊嚴、規模可觀的比丘尼道場，充分説明你們的當家師順因法師道德感化的力量，對佛教事業的奉獻精神。沒有這種忘我的利他精神，要在很短的時間內，成就這樣莊嚴的道場是根本辦不到的。各位能在這樣的地方學法、修行，更應該珍惜這個機會，精進學習，提高我們自身的文化素質，發揚佛教的優良的文化傳統，把古代高僧大德在佛教文化上所做的貢獻，做爲我們學習的目標和效法的榜樣。

㈡ 加強尼衆本身的文化意識

爲了弘揚佛法、利益衆生，還應該學習佛教以外的文化知識、法律知識。如果没有一般的文化知識，要想理解佛法是非常困難的。法的内涵是無形無相的，佛法的道理要靠語言文字表達出來。因此語言文字和經書就成了表現佛法的一種方便，一種符號。如果不把這些符號搞通，要理解佛法的内涵，那是非常困難的。所以各位除了要努力學好佛教的教規、教義以外，還要非常用心地學習佛法以外的文化知識。祇有把佛法的知識和必要的世法知識都學好了，我們纔有辦法用語言表達和文字表達的方式來弘揚佛法、利益衆生。

三 加强弘法意識

第三，加强弘法意識。我們學法修行，一方面是爲了解決自己的生死問題，另一方面是要以我們的修行實踐和弘法工作來淨化社會，淨化人心。我們要做這些事情，祇有通過語言文字，通過自己的莊嚴形象和忠實踐履體現出來，讓世人能夠認同佛法，肯定佛法，纔能達到我們弘法的目的。我們出家人就是以「利生爲事業，弘法是家務」，既然弘法是我們的家務，我們就應該勇敢地承當這個家務。做爲比丘尼，千萬不能有自卑感，認爲弘法是比丘的事。

各位知道，在中國佛教史上，既有高僧傳，也有高尼傳。自從佛教傳入中國以後，從東漢時期的第一位比丘尼一直到現在，在弘法事業上做出卓越貢獻的比丘尼可謂代不乏人。特別是在當代，綜觀海內外佛教界的現狀，比丘尼修行和學習的精進，弘法和管理寺院的能力都不在比丘之下。譬如福州的崇福寺尼衆佛學院，是傳常法師管理的，那裏住有二百多比丘尼，學習修持，如法次第，寺內到處乾乾淨淨、整整齊齊，真可說是一片人間淨土。而且他們的素質都相當高，有不少的學員都達到了大學本科水平。那裏也請了一些比丘和男居士任教，在離寺較的地方另建了一棟樓房，給男衆住，既維持了戒律的嚴肅性，也體現了女衆依正男衆的精神。福州還有一個地藏寺，也是傳常法師負責的，不但修建得非常莊嚴，管理工作也非常好。再如成都隆蓮法師領導的四川尼衆佛學院、廈門的萬石蓮寺尼衆佛學院等等，都是比丘尼較集中的地方，都管理得非常出色。所以說比丘尼如果真正具備了這種丈夫氣概，他們的擔當精神會比男衆更强烈。

全國各地已有一批非常有才華的比丘尼，我想在未來的十年中，他們將會陸續登上弘揚佛法的舞臺，大顯身手。「文革」以後，僧伽隊伍中增添了許多新鮮血液。從整體上看，出家的女衆比出家的男衆更穩定一些，而且他們對於學習和修持都非常認真。各地培養的比丘尼學員中，有一些已在不同程度、不同崗位上從事弘法工作，有的教學，有的管理寺院，有的從事編輯工作。各位可能看到《洛陽佛教》這本刊物，主編、副主編由兩位居士署名，而幹實際工作的是兩位年輕的比丘尼。他們祇求奉獻，不求名位。我在洛陽白馬寺齊雲塔院見到他們，其中一位對我說：「市佛協領導要在刊物上署我們的名字，但我們還年輕，還要好好學習，不能出名。如果硬署我們的名，我們就不幹了。」他們很謙遜，很有希望。

比丘尼在當代佛教界弘法事業中發揮了或正在發揮著重要的作用，在港臺地區的佛教界中尤其如此。各位都知道臺灣有一個佛光山，佛光山的開山宗長是星雲法師，他下面的弟子比丘尼佔多數，而且有十多位比丘尼都是在日本佛教大學裏獲得博士學位的，如慈惠、慈容、慈嘉、慈莊等。他們不但在寺院裏的弘法工作做得非常有成效，而且在社會上、國際上的弘法工作都做得卓有成效。

慈惠法師跟隨星雲法師約四十年，從做居士到現在六十多歲了，始終追隨星雲法師。他們組織能力特別强，幾萬人的活動，也指揮若定。世界佛教聯誼會在美國西來寺開會，他擔任祕書長。他還經常組織佛光山系統的國際佛學交流會議。現在佛光山新成立了一個組織叫「國際佛光協會」，慈惠法師擔任總祕書長。一九八九年星雲法師回大陸弘法探親，全團近百人，時間長達四十多天，整個活動就是由慈惠、慈容兩位法師組織安排的。我們在北京圖書館的一個會議室裏，請星雲法師講演佛學，發了五百張票，可聽講的人不下七百人。在開講之前，隨行的比丘尼弟子教唱佛教歌曲，聽講的都跟著唱，效果很好。他們的風度、他們的修養、他們的奉獻精神、他們的事業成就，使聽衆非常感動。

臺灣還有一位證嚴法師，他創辦的慈濟功德會在臺灣有很大的影響。他是專門從事慈善救濟事業的。我們大陸一九九一年華東地區的特大水災，臺灣對大陸救濟最多的就是證嚴法師的慈濟功德會，他們在安徽、河南、江蘇三省受災最嚴重的縣修起了幾十座慈濟新村，共有三十多萬平方米。他們慈濟事業遍及臺灣、大陸與世界許多最困難的國家和地區。那裏需要救濟，不管他們信不信佛，也不管政治制度如何，思想傾向如何，祇要你有困難，他們就給予力所能及的幫助。

佛教的慈悲精神是「冤親平等」的，祇要你有困難，我就來幫助，這就是菩薩的無緣大慈，同體大悲。證嚴法師是臺灣的一位傑出的弘法高尼，他的弟子都稱他爲證嚴上人。他在臺灣辦了一所護專、一所醫學院、一所醫院、一份報紙、一份月刊，對社會救濟不遺餘力，但自己的生活卻很儉樸，既不喫好的，更不穿好的。他爲衆生，爲受苦受難的人操心，所以他的身體非常瘦。

在座的各位比丘尼大德，祇要立志修行，立志弘揚佛法，我想都會成爲弘法的棟樑，都會成爲大德高尼，都會爲中國佛教的今天和明天做出不可估量的貢獻。所以我講的第三點就是要加强比丘尼的弘法意識。弘法利生是我們每個出家人的本職工作。佛法住世祇有兩件事，就是「令未信者信，已信者令增長」。這是我們佛法在世間的一個最核心、最根本的目標。所以說從我們的職責來講，我們應該毫不猶豫地擔當起弘法重任。如果我們沒有弘法意識，不論是比丘，還是比丘尼，我們都將愧對釋迦，愧對歷代祖師，更愧對我們當初的一念發心。

最後，我想補充說明一點，各位尼衆大德要發心學戒、持戒，要有文化意識，要有弘法意識，要有很好的學養，更要有堅固的道心。具備了以上的條件，纔談得上弘法。要具備這些條件，就要循序漸進地學習、修持。所以我建議年輕的尼衆大德，在三十五歲以前應該主要以充實自己爲主。三十五歲以後，以弘法、管理寺院爲主。我希望在座的各位尼衆大德，特別是年輕的尼衆大德都能成爲中國佛教事業最可靠的接班人，成爲今天的佛教和明天的佛教的建設者。

謝謝各位！

一九九三年四月十七日，講於南昌天寧寺江西省首屆尼衆培訓班

信佛究竟信甚麽

各位居士：

今天當家師要我給大家講點佛法。我原來没有準備，講甚麼呢？就講我們信佛的一個首要問題。就是我們信佛究竟信的是甚麼？也可以說，信佛究竟要包括那些內容；

一 樹立正信

信佛，要樹立正信。根據我個人的體驗，正信應該包括四個方面的內容。

第一個方面，要以三寶爲正信的核心。

㈠ 信佛

我們信仰佛教，信仰的核心就是佛、法、僧三寶。我們平常一般講信佛，就包括信法、信僧。因爲佛是我們的導師，是我們的教主，是說法度衆生的人天導師。所以我們要信佛。

信佛，既包括信我們現在說法的本師釋迦牟尼佛，更應該包括信十方三世一切諸佛，信我們自己人人本具的真如佛性。祇有這樣來信佛，我們信佛的這個信念纔能夠真正堅定不移。信我們現在的教主釋迦牟尼佛，是我們信佛的根本。因爲沒有現在的釋迦牟尼佛一期的教化，我們根本不可能知道有佛、有法、有僧。我們根本不可能知道要來信佛，要來求解脫，根本就不知道這件事。所以，應以信我們的本師釋迦牟尼佛，做爲信佛的根本，也可以說是我們修行的本尊。

另外，做爲修淨土法門的人，由於釋迦牟尼的無問自說，我們纔知道：「從是西方過十萬億佛土，有世界名曰極樂，其土有佛，號阿彌陀，今現在說法。」沒有釋迦牟尼佛的宣說，我們也不可能知道有阿彌陀佛，更不可能知道那裏有個殊勝的極樂世界。我們衆生通過憶佛、念佛，將來就能夠往生到極樂世界，親見阿彌陀佛，所以我們要信阿彌陀佛。

我們學藥師法門的，還有藥師琉璃光如來，是東方世界的佛。我們學藥師法門，根據藥師佛的十二大願，願願都是要我們解除衆生的苦惱，解除衆生的煩惱，莊嚴我們這個世界，把我們這個世界建設成爲像藥師佛所教化的世界一樣。釋迦牟尼佛爲我們創立了兩大法門，一是藥師淨土，一是彌陀淨土。

做爲我們人生來講，既要求得現身當世的身心淨化，身體健康，少病少惱，我們就要修藥師法門，要誦《藥師經》，拜藥師懺。這樣，就能夠使我們在現身當世之中，通過修福修慧淨化心靈，得到一個平安幸福的人生，光明灑脫的人生，自利利他的人生。那麼，我們一期命終之後歸宿到那裏去呢？所以，我們在修藥師法門的時候，同樣要迴向往生西方極樂世界。我們在修藥師法門的時候，同時一樣也可以修淨土法門，修彌陀淨土，也可以把我們所修的一切功德、福慧資糧，都迴向到臨命終時往生西方極樂世界。因爲往生西方極樂世界，一方面是靠我們心心念念憶佛、念佛，另外一方面也要靠我們積聚福德智慧資糧，所以《彌陀經》上講：「不可以少善根福德因緣得生彼國。」

上面是講我們信佛的重要性。

㈡ 信法

信法比信佛在某種意義上講更加重要。因爲，諸佛世尊從法化生，沒有法就沒有佛，也就沒有僧。當時，沒有佛的親證，沒有佛的宣說，法當然是存在的，但是沒有人宣說出來。法是一個永恆的東西，法是真理，法是一個規律，法是我們親證的一個客觀存在的東西。所以說，法表現在本體方面，它是我們親證的一種境界；表現爲語言文字那就是經典，一切的經典；表現爲思惟方式，那就是一種思想體系。這些都是法的内容。具體到我們現在所信的法，有四諦法、十二因緣法，有四攝法、六度法，乃至廣說有無量無邊的法門。這些法門既包括親證的境界，也包括修行的方法。修行的方法和親證的境界是緊密地聯繫在一起的。因爲祇有你的路走對了，途中的一切境界，纔能夠得到證實。具體到我們現在要使法不至於散失、不至於遺忘、不至於出現斷層，所以要珍視、尊重經、律、論三藏。經藏、律藏、論藏僅僅是法的載體，也可以說是法的分類。體現於内容來講，就是分類。體現於形式來說，就是載體。

爲甚麼法這麼重要呢?因爲我們信佛也好,信僧也好,表現出來的都在法上。沒有法,就沒有佛,也就沒有僧。佛是親證法的導師,僧是依法修行的善友,或者說是弘揚佛法的善知識,都是以法爲中心的。一般的說,在過去是講佛法,很少講佛學,也很少講佛教,現在時代不斷地發展,和其他的教並列而稱,所以有佛教這個詞彙。

㈢ 信僧

第三是信僧。僧,從嚴格的意義上來講,是指十方賢聖僧。指證得了果位的僧人,指四果阿羅漢,即賢僧聖僧、菩薩僧。但是,在末法時期,這樣的賢聖僧,可以說是愈來愈少。那麼,我們當前也要信仰,也要皈依持戒清淨的凡夫僧。儘管他是凡夫僧,但祇要持戒清淨就行了。所以,我們皈依三寶,也要皈依清淨福田僧。一方面,要曉得我們信仰僧的標準很嚴、很高,但也不排除我們可以皈依戒行清淨的福田僧。沒有清淨福田僧主持、弘揚佛法,我們同樣不可能來親近三寶,修學佛法,要求出離。

所以，我們對佛法要有正信，正信的第一個要點就是以三寶爲正信的核心。我們信佛，每個人都是三寶弟子。佛、法、僧加在一起就是三寶。因爲佛、法、僧這三者，都是世間非常希有難得的無上大法。得到了這個無上大法，就能夠解除我們身心的痛苦和種種的煩惱，就能夠使我們在生命的深處解除貧困，從而富足起來。這個富足，比起錢財的富有，更爲重要。因爲錢財的富有是暫時的，是有形的，暫時的得到了很快又要失去；是有形的，它總是有限量的。祇有佛、法、僧三寶，這種財富，我們得到了以後，是永遠不會失去的。而且，它在我們生命當中所發揮的作用，不是任何有形的物體所能夠衡量得出來的。所以，這種富有是沒有限量的。這就好像世間的珍寶一樣，我們得到了世間的珍寶，就會使我們富有起來。我們得到了佛、法、僧三寶，它會使我們精神、思想乃至我們整個人生富有起來，所以是寶。這三寶，大家要記住一個要點，就是以佛爲師。佛是我們的導師。以法爲藥，法是藥。因爲我們每個人，都有煩惱、無明等等病，所以我們要喫藥。喫甚麼藥，喫法藥。以法爲藥，以僧爲友。

僧人，清淨福田僧是我們的朋友，是我們的道友，是我們的善友，是我們的善知識。所以，要以僧爲友。我們信佛的人，都要受一次皈依，拜個師父。我們受皈依、拜師父，不僅僅是皈依你那個師父，把他做爲唯一的皈依處，而是要皈依十方的清淨福田僧。

所以，正信的第一個條件就是以三寶爲核心。

二 正信因果

第二點，我們要信因果，以因果爲準繩。我們的信仰是不是正確，是不是堅定的，是正信還是迷信，是正信還是邪信，是正見還是邪見，就是以信不信因果爲準繩。

不管是佛法還是世法，處處都體現因果的規律，因果的原則，因果的道理。世間的因果是所謂：「種瓜得瓜，種豆得豆。」大家很容易理解。所謂：「善有善報，惡有惡報。」大家很容易理解。但是佛教的因果，是在世間的一切因果的基礎上建立起來的三世因果。

三世就是以現在爲主，回憶過去的歷史，就是過去世，展望未來的歷史就是未來世，就是來世。三世，既在我們一念當中，也在一期生命的當中，更在生命生生不息的全過程當中。如果我們以現在爲基點，回憶我們過去的事，把它當做過去世，我們對我們的前生的前生，再前生再前生就很容易理解。如果把未來世做爲未來來展望，當做明天、後天、大後天，這樣來展望未來，我們對來世，再來世，也就很容易理解。因爲我們凡夫總是把我們的一期生命同前生後世孤立起來，認爲我們生命的產生，生命的出現，是偶然的現象，是沒有前生後世的因果聯繫。這不對，因爲任何東西的產生，都有前因後果。一粒豆子種下去，它會發芽、生根，最後開花結果，然後，這個豆子再無限的往後傳。你說它的基因是甚麼時候開始的？說基因是甚麼呢？也就是說生命的最初的能量是從那裏產生的？可以追溯到無始無始的過去，也可以展望到無盡無盡的未來。既找不到開始的時候，更找不到它結束的那一天。大家仔細想一想這個問題。

那麼，做爲我們的生命同樣是如此，看到我們生命的生、老、病、死，好像截然地把我們生命生死之間的界限劃得很清楚，實際上，從生命的長河來看，我們這個一期生命，不過是生命的長河中的一個水泡而已。生，固然是生命的一種形式；死，不過是生命的另外一種形式而已。生，是生命的一種活動方式；死，是另一期生命的新的開始。這是怎樣運轉的呢？就是根據各人的因果業力，做爲我們生命運轉的一個最基本的牽引的力量。

一個人的命運，不是由佛、菩薩規定的，更不是由天神來規定的，而是由我們自己的業力規定的，我們自己完全能夠掌握自己的命運。怎麼樣掌握呢？就是看我們如何來種因，在我們當下一念心當中，如何來把握我們命運的方向，如何來開拓我們的前途、開拓我們的未來？因爲過去的事你怎麼樣回憶，怎麼樣後悔，怎麼樣的有失落感，那都成了過去的事，祇有你很好地把握當下這一念，把握好你當前的所作所爲，就能夠把握自己的命運，所以說決定命運者在我。很多人對這個道理信不真，以爲我們的命運可以操縱在上天的手中，或者是我們的命運由佛、菩薩來安排。不是這樣！我們的命運歸根結柢是我們自己安排的。那麼，你怎麼纔明白這個道理呢？那就要靠我們的智慧，就是般若。般若是我們在修行中判斷一切是非、善惡的眼目。

三　以般若爲正信的眼目

修行可分爲三部分，所謂持戒、修定、證慧。戒是甚麼呢？戒好像是我們的兩條腿、兩隻腳一樣，我們要從煩惱的此岸、生死的此岸一步一步地走向涅槃的彼岸，走向解脫的彼岸，那就要靠持戒。沒有戒律、沒有道德的約束，不遵守道德的準則，要想解脫，那是根本不可能的。一個沒有道德的人，你說他能夠是一個高尚的人嗎？你說他能夠得到衆人的信賴嗎？你說他能夠成就世出世間的大事業嗎？那是根本不可能的。

道德的準則是甚麼呢？就是戒。佛教根據不同層次的信仰，不同層次的人羣，規定有不同層次的應該遵守的戒條，就像我們的兩隻腳，能夠從此岸邁到彼岸，所以說戒是足，有了戒纔能夠修定，修定纔能夠把持得住。如果我們是一個行爲非常放蕩不檢點的人，你說能夠坐到那裏入定嗎？你說能夠修四禪八定嗎？根本不可能。所以，戒是足，定是身。定是我們的身軀，那就意味著，我們的戒足是和定身聯繫在一起的。有了身軀，有了兩足，我們究竟要走向何方呢？那就需要有智慧做爲眼目。智慧在佛經上一般都叫般若，以般若爲正信的眼目，有了智慧，我們纔能夠有抉擇是非、善惡的能力，纔能夠有達到彼岸的明確的方向。

所以，我們正信的第三點就是要以般若爲正信的眼目。

四　求解脫

正信的第四點，就是要求解脫。我們修行學佛的最終目的，是要求得自我的淨化，自我人格的完善。用佛教的術語來講，就是要達到解脫的目的。解脫有種種的路向，有聲聞、菩薩、佛，這是我們修行求解脫的最崇高的目標，是我們每個人時時刻刻嚮往的最究竟的歸宿。

解脫甚麼呢？解脫煩惱，解脫無明，解脫我們的種種業障。我們不能解脫，就是因爲我們有種種的無明、煩惱、業障。有無明就起煩惱，有煩惱就造業，就不能得解脫。我們要通過戒、定、慧的修行來求得解脫。

就我們現在修行的方法來講，大部分人是修淨土法門。它是求解脫的一種最殊勝、最方便的法門。我們在平常，包括我們在家庭生活中、在工作中、在待人處世的分分秒秒當中，都要修行，要真正使人們嚮往淨土的這種意念，時時刻刻不要間斷。這就是《彌陀經》上面所說的「一心不亂」。嚮往淨土的意念，歸結到一個甚麼地方呢？要歸結到我們憶佛、念佛，時時刻刻不忘念佛的意念，你纔真正能夠得到解脫。假如我們在修行過程中，朝三暮四，不能堅持不斷地强化自己的意念，强化自己方修行，要想得到解脫，那不是一件容易的事。所以，我們不管是年輕的、年長的，不管是男居士還是女居士，都要建立起、樹立起在這一輩子就要得到解脫的信心和信念。那麼，要得到解脫，也不必等到我們臨命終時的那一刻，再來驗證這件事，那就遲了。

在我們平常要達到一個甚麼目標呢？至少我們在醒著的時候，憶佛、念佛的意念不忘，我們在命終的時候，在任何險惡的環境之下，自己也能夠作得了主。那麼，你臨終時，阿彌陀佛來接引纔成爲可能。所以，我提倡生活禪，就要把修行的範圍擴大到我們生活的一切領域裏面，這就不會使我們的修行僅僅侷限於一個禮拜到廟裏來一次，初一、十五到廟裏來一次，早晚在菩薩那裏燒三支香，磕三個頭，或者念一段經。當然，這樣做是非常必要的，非常重要的，但是夠不夠呢？不夠。這樣做能不能得到解脫呢？我想不到一心不亂的境界出現，要想得到解脫，可能性不大。所以，我希望各位，要樹立起求解脫、求往生極樂、求在現實生活當中就能夠把我們的身心性命安定下來。要下大決心，要這樣的來修行，纔不辜負我們得聞佛法這樣一個無上殊勝的因緣。

我今天就簡單的講到這裏。
謝謝諸位！

一九九三年六月十日，講於北京廣濟寺

首屆生活禪夏令營法座

禪堂開示之一（一九九三年七月二十日）

今天是生活禪夏令營的第一天，各位冒著酷暑來柏林寺參加生活禪夏令營，這種精神令人十分感動。由於這裏的條件簡陋，各方面設施不完備，所以生活諸多不便，希望各位諒解！

這次來參加生活禪夏令營的教友，大部分都是接觸佛教多年的人，在佛學知識方面，在佛法的修養方面，在修行用功方面，可能都有過一些體會或受用。也有許多人是第一次參加寺院生活的。爲了適應大多數人的情況，所以我想還是從淺處跟各位談一談生活禪的意義。

講到生活禪，我想第一個要排除的誤會是：我們說生活禪，並不是不需要打坐和修定，生活禪與打坐修定，甚至與念佛、修止觀都是密切相關的。沒有集中修行或修定的過程，生活禪就無從談起。生活禪同佛教一般儀式也是不相矛盾的。一般的儀式，是指上殿、誦經、燒香、拜佛等。如果沒有這樣一些儀式，這樣一些活動，生活禪也是無從談起的。生活禪的目的和宗旨是強調關懷人生、覺悟人生、奉獻人生，所以說生活禪與我們積極的入世精神是密切結合的。因爲沒有積極入世的精神，我們不可能發起大悲心，去關懷人生、關懷社會、關懷佛教的前途和命運。生活禪的最終目標是希望在生活的方方面面都能夠落實佛法的精神。

佛教的精神集中起來講，就是菩薩精神，菩薩精神就是兩個字：一個是智，一個是悲。佛教的千經萬論，八萬四千法門，都是要體現這樣的精神。有智慧纔能談得上解脫，纔能談得上超越煩惱，纔能談得上追求出世；有慈悲纔能談得上救世救人，纔能談得上體現佛教的入世精神。所以，生活禪所追求的目標就是希望在生活的每一個方面，每一個領域，都能夠把佛法慈悲、智慧的精神貫穿始終。這樣我們就可以使佛法與世法打成一片，就能以出世的精神做入世的事業。

生活禪，我們用的雖是一個「禪」字，實際上佛法的一切法門都離不開禪。生活禪包括佛教的一切法門在內。因爲一切法門都離不開禪定，都是禪定不同的表現形式。譬如修淨土，淨土以念佛爲主，在原始佛教裏面念佛是六念法門中的一念。六念法門有念佛、念法、念僧、念戒、念施、念天。所以，念佛法門實際上是一個很古老的法門，是一個非常重要的根本法門。不過，內容沒有發展到現在這樣豐富，這樣專門。修念佛法門，最後是希望證得念佛三昧，念佛三昧是甚麼呢？就是念佛的定。所以說生活禪的禪，不僅僅是我們現在所指的禪宗的禪，也不僅僅是六度中的禪，生活禪的禪包括佛教的一切修行法門。

佛教修持的根本中心就是戒、定、慧三學。生活禪既要體現戒律的精神，也要體現禪定的精神、智慧的精神。如果一個法門不能夠如實反映戒、定、慧三學，那這個法門就有問題；如果一個法門的內涵離開了戒、定、慧三學，那這個法門更有問題。生活禪是一個包括佛教戒、定、慧三學在內的、最嚴肅的、佛法內涵最圓滿的概括。

生活禪，顧名思義，是不能離開生活來修禪定。今天，我們一般人所過的生活是一種甚麼樣的生活呢？一個沒有修行的人的心態是一種甚麼樣的心態呢？是一種迷失的生活，是一種分裂的心態。佛教的道德生活是以戒爲基礎，戒有止惡的一面，也有行善的一面。從止惡的一面來講，在戒律上叫做止持；從行善的一面講，在戒律上叫做作持。就是說止惡行善是佛教道德的基礎，也是佛制戒律的根本出發點。沒有接觸佛教的人，很難真正理解止惡行善的意義。所以從道德生活來說，我們需要生活在禪定中、生活在禪悅中，纔能有非常充實的道德生活。從社會生活來說，社會生活主要指人際關係，因爲我們每一個人，在他這一期生命還存在的時候，即使住在深山老林裏，也會有人際關係，也就是社會生活。社會生活既然是我們不可避免的事實，我們就必須正視這個社會生活，也就是人際關係。佛教處理人際關係的準則就是四攝法。四攝即是布施、愛語、利行、同事。我們根據佛教講的四攝法來處理人際關係，就有一個準則。

除了道德生活之外，做爲在家佛教徒，也還有家庭生活和感情生活。佛教並不主張人們完全拋棄人世間家庭生活或感情生活。佛教根據不同的戒律層次，規定了不同層次的戒條。做爲在家佛教徒，如何處理好家庭生活與感情生活也要根據戒律的原則。在家佛教徒應該以五戒爲生活的根本原則，當然還有進一步的受持八關齋戒和菩薩戒。五戒實際上就是在家佛教徒處理好家庭生活與感情生活的基礎，也是一切修行的基礎。不僅如此，五戒也是維持整個社會道德秩序的基本原則。當然，做爲佛教徒最重要的還有我們的修行生活，也就是精神生活、信仰生活。不論是出家的比丘、比丘尼、沙彌、沙彌尼，或在家的男女居士，都應把信仰當做一種生活來體驗，認真地貫徹到我們的一言一行當中去。

社會上有一些人對我們出家人有一種誤解，說我們信教是一種職業，如果我們把信教當做一種職業了，那就很難把信仰與生活密切結合起來，還有一些在家佛教徒，把佛教當做一種知識來研究，這也不能把佛法的原則和我們的生活真正地聯繫起來。假如我們不能把佛教落實到生活中，那就會是理論與實踐相脫節。用佛教的話說，就是解和行不相應。所以，我們提倡生活禪，就是希望在生活的方方面面，能夠貫徹佛法的精神，貫徹禪的喜悅、禪的安詳、禪的寧靜。

我希望各位教友能夠在七天當中，認真聽各位教師的演講，認真地參加常住安排的各項活動，認真地體驗一下叢林的生活，不要錯過這一良好的機會。

禪堂開示之二（一九九三年七月二十一日）

今天是夏令營的第二天。通過這兩天的活動，特別是法師、居士們的演講，大家一定有很多的收穫。在每次演講之後，教師們都很慈悲地讓各位提出問題，並現場解答。不過，從這兩三場的提問來看，我覺得各位對佛法的一些基本問題沒有把界限搞清楚，所以提問的時候容易走極端。不是偏到理的方面，就是偏到事的方面；不是偏到真諦的方面，就是偏到俗諦的方面。不然就是把兩者混淆了。今天就佛法的幾個一般性問題，麤略地講一講它們的區別。

佛法有因和果、事和理、真和俗、迷和悟、自受用和他受用等問題。這些問題的界限如果沒有一個基本的認識，就很容易產生糊塗觀念。譬如因和果的關係，禪宗乃至整個佛教都講，大地衆生當下就是佛。禪宗裏更說，你自己就是佛，可你自己不肯承當，反而來問甚麼是佛？像這些問題，如果沒有一個清晰的瞭解，就容易產生問題。既然我們當下就是佛，大地衆生當下就是佛，那我們還要修行幹甚麼呢？我們就不要修行了。這裏所說的佛，用天臺宗的術語講，叫做理即佛，從道理上講是佛，因爲人人都有佛性，所以說我們當下就是佛。從因果關係講，這是因中的佛，我們具備著成佛的可能性，具備著成佛的因素。雖然每個人都有佛性，可以成佛，但不等於就是像釋迦牟尼佛、阿彌陀佛、藥師佛那樣的果上的佛。我們每個人都是佛，這一點每一個人都應該自肯。如果在這個問題上不能自肯，那我們就不必學佛，因爲我們學佛的目的就是爲了成佛。我們對於佛的理解，對於種種功德智慧的理解，都一定要把因果關係弄清楚；不要把因中的事拿到果上來講，也不要把果上的事拿到因中去講，要弄清因果之間的界限。

有一些問題是就事上來講的，有一些問題是就理上來講的。譬如禪宗既然說開口即錯，是不立文字，語言不是真理本身。真理、法性、實相祇有通過實證纔能夠領會它，纔能感受它，就是就理上來講的，就實相來講的，如果以這種觀念來對待事上的種種方便，種種施設，那就很難講得通了。

上午不是有人說禪宗既然不是語言文字所能表述的，那我們夏令營的講法就可以結束了之類的話嗎?應該說非但夏令營的講法不能結束，乃至我們平常的一切修行、多聞熏習、看經念佛、燒香磕頭這些事情，依然要如法如律地去做。祇有把事相上的每件事情都原原本本地落實下去，我們纔有可能體認理上的實相，纔能夠理事圓融。佛教中有兩句話：「實際理地不染一塵，佛事門中不捨一法。」就事上來講是一法不捨，就理上來講，是一法不立。佛法中還有一句話：「多一法不是佛法，少一法也不是佛法。」佛法講的就是理事圓融。

另外還有自受用和他受用的問題。每個人修行的體會，每個人的證量，是如人飲水，冷暖自知的。這不是口頭上講講就行的，要有實際的受用，實際的證語，實際的工夫。既然是如人飲水，冷暖自知，是不是就不需要說法，不需要把它表現出來，不需要把它開示出來呢？不是的，釋迦牟尼佛成佛以後，他本來也是覺得度衆生是非常難的，他甚至想不說法就入涅槃。但是經過大衆的請求，佛還是說法度衆生了。

從這個角度來說，佛的說法度衆生是爲了利益他人，是爲了他受用，自己證悟了，證悟的那個道理，那個實相，祇有用種種方便把它顯示出來，表現出來，纔能在自己受用的基礎上達到他受用的目的。所以，佛是爲一大事因緣出現於世。甚麼是一大事因緣呢？就是要令一切衆生開示悟入佛之知見。我們在看禪宗祖師語錄時，在看一些大乘經典時，一定要把佛的自受用和利益衆生的他受用，把祖師的自受用和接引當機的他受用區別開來。祇有區別開來，纔能在學佛的過程中到得受用。我們得了受用，又可以轉化爲他受用。這樣就使佛教的法輪不斷地轉動，這就是法輪常轉。

在學佛的過程中，一定要把這些法義間相互關係逐步弄明白，纔能如實地進入佛法大海。按照佛教的修學次第：親近善士、聽聞正法、如理作意、法隨法行。根據佛法的道理去修持，去證自受用。

遊蒼岩山小憩時開示（一九九三年七月二十二日）

剛纔我們唱了：

趙州八十猶行腳，祇為心頭未悄然，
及至歸來無一事，始知空費草鞋錢。

趙州老人八十歲行腳，這件事發生在江西雲居山，現在這個地方叫做真如寺。一個八十歲的老人還在外面參方行腳，過雲遊生活，爲的是甚麼呢？這首偈語的第二句作了答案：「祇爲心頭未悄然。」我們的心怎樣纔能悄然呢？要能夠時時處處都合道，要能像趙州老人所說的那樣，真正達到平常心是道，心頭就悄然了，大事就了畢了。在大事還沒了畢的時候，即使像趙州老人八十歲了，他還要在外邊風塵僕僕地過著雲水參方的生活。當時在雲居山主法的是雲居道膺禪師。道膺禪師是曹洞宗洞山良价禪師的法徒，是一代宗師。當趙州和尚到達雲居山的時候，道膺禪師就說：「你老人家老老大大還不找個地方住下來，爲甚麼還在外邊東跑西顛的？」後來，兩位禪師有非常精彩的問答。這些問答在《傳燈錄》和《五燈會元》裏都有記載。現在要去真如寺還必須經過一道關，叫「趙州關」，祇有過了趙州關，纔能到真如寺。趙州關是真如寺的第一道山門。

說到天下叢林，環境好、修行好、道風好的地方，依我看真如寺是最好的。周圍幾平方公里內沒有俗人的住戶，晚上關上山門，任何人都進不去。特別是在地理位置上非常好，在雲居山的山頂上有一塊平地，平地上又有山，又有水，又有樹木，真可以說是人間仙境，所以又叫「天上雲居」。

趙州和尚到雲居山後，就在那裏結了一個茅庵，住了下來。雲居道膺禪師是個大徹大悟的人，總覺得趙州和尚住在那裏不是一回事，就故意激他，所以趙州老和尚又行腳回到北方。我們這次舉辦夏令營的柏林禪寺，古名觀音院，又叫東院，是當時趙州開元寺的一部分。趙州和尚來到觀音院後，就基本上沒有離開過這裏，祇是到圓寂前兩年，被趙王和燕王請到現在的正定去供養，最後圓寂在正定。

趙州和尚之所以八十歲還在行腳，是因爲心頭未悄然。「及至歸來無一事」，歸來就是心頭已悄然，就是大事了畢，遊子已回到了家鄉。如果我們回到了精神的故鄉，就再也不會有像崔顥在黃鶴樓題詩的那種淒涼、悲慘的心境了。崔顥詩的後兩句說：「日暮鄉關何處是？煙波江上使人愁。」他既是寫景，也是寄情。在一個夕陽西下的傍晚，一個垂老的學者，登上黃鶴樓，面對浩浩的長江，發出這樣的感歎，是非常令人深省的。今天在座的同學絕大部分都是麗日中天的年齡，有的還是初升的太陽，我們還沒有「日暮鄉關何處是」的感慨。但是，我們不能待到發出那樣的感慨時，再來找人生的歸宿，那就來不及了。我們能夠有緣接觸佛法，信解佛法，而且也有緣千里迢迢來到柏林寺和十方來的大德學者一起學習佛法，這是一個難得的機會，有這樣一個良好的開端，要回到精神的故鄉就爲期不遠了。到那時，回過頭來看看來時路，噢！原來如此，踏破芒鞋，回來後竟甚麼事也沒有，「始知空費草鞋錢」。爲甚麼呢？因爲煩惱已經全部清除，自己本有的智慧開發出來了，此刻便是圓滿菩提，歸無所得，所以說是「空費草鞋錢」。我們在心頭還未悄然的時候，草鞋錢還是要付的。不付草鞋錢，就不可能達到空費草鞋錢的精神境界。這是我們剛纔唱的那首「趙州八十猶行腳」偈語的簡單解釋。

另外還有一首蘇東坡的詩：

溪聲盡是廣長舌，山色無非清淨身；
夜來八萬四千偈，他日如何舉似君？

今天，我們面對青山，就是缺少綠水，可是天公作美，下了一點雨，既有青山又有雲水，我們可以體會體會，究竟那個是禪？青山是禪，還是綠水是禪？濛濛細雨是禪，還是烈日當空是禪？

「溪聲盡是廣長舌」，是講無情也在說法，無情在向我們啓示人生的大道理，向我們展示諸法的實相。諸法的實相即是緣生緣滅。我們可以從道理上理解，但是我們很難直接透過現象看到緣生法的實相。我們此時還衹能是通過邏輯分析來瞭解一切法緣生緣滅的道理。

「山色無非清淨身，」這滿目青山就是我們的清淨法身。就像我昨天所講的一樣，這裏有理和事的關係，如果把這兩者混淆了，那麼我們就會成爲一個自然外道。如何透過事相來體認這個理體，既是一個學法的過程，也是一個修行過程，是一個證量的問題。你有一種親切的感受，纔能真正理解溪聲爲甚麼是廣長舌，山色爲甚麼是清淨身。廣長舌相是佛的三十二相之一，佛說法時，出廣長舌相，遍覆三千大千世界。所以佛以一音演說法，眾生隨類而得解。如果我們真正證得了這個緣生緣滅的實相，聽到溪聲就是聽到佛在說法，看到滿目青山無異就是看到了佛的法身。

「夜來八萬四千偈」，既然溪聲是廣長舌，它每天二十四小時都在川流不息地流淌，都在說法，它所說的內容該有多少呢？說的內容雖有那麼多，但是，真正要把握住，要把它說給另一個人聽，卻好像又是完全說不出來的，所以說：「他日如何舉似君？」舉即提示，似是送給的意思。如何把它提示出來，如何把我們聽到的這八萬四千偈讓別人知道？沒有辦法！因爲這也是如人飲水，冷暖自知的事。如果我們在行腳、參方，或者是旅遊的時候，都能以這樣一種心態來面對事物，那麼，我們就可以處處體會禪，處處都不離禪悅。

下面我們再來唱這兩首偈語，結束這次雲遊生活。

參禮臨濟祖庭時開示（一九九三年七月二十四日）

今天，大家來參拜臨濟祖庭，這個地方雖然還很小，條件也很簡陋，但是我們要知道這個地方的歷史地位和它在佛教史上的重要性。我昨天也曾提到，佛教傳到中國後分爲八個宗派，這八個宗派中成立最早的是三論宗，其次是天臺宗，然後是淨土宗、律宗、法相宗、華嚴宗、禪宗，還有密宗，一共是八個宗派。

這八個宗派囊括了漢傳佛教的全部內容。在唐末會昌法難中，全國的寺廟在七天內全部被摧毀，所有的僧人都被强迫還俗。爲甚麼會出現這樣悲慘的局面呢？一方面是由於當時佛教和道教論戰，這是個外部因素。我想最主要的還是內部因素。我們從佛教史料來看，佛教當時是非常腐敗的，有幾十萬僧尼過著享受民脂民膏的生活。當時的大文豪韓愈曾提出：「人其人，廬其居，火其書。」用這三條辦法，來對付佛教。「火其書」，就是把佛經全部燒掉；「廬其居」，就是要把寺院全部改成民居；「人其人」，就是把和尚全部變成普通人。所以當時的政界也好，文化界也好，對佛教的許多腐敗現象都非常痛恨。而韓愈本人又是一個儒家思想者，也有對外來宗教盲目排外的思想。

反過來從佛教本身來講，我們還是要檢查一下我們自身的問題。在那樣一種佛法的噩運來臨的時候，是那個宗派來拯救中國佛教的呢？是禪宗。禪宗經得起考驗，要他還俗，當時比現在還容易，因爲那個時候的人都是穿這個衣服，和尚雖然剃了頭，但用塊布把頭一包，就是在家人了。禪宗的師父就是這樣走到水邊林下，自耕自食，保持了僧格，保持了佛法的精神和傳統。一旦朝廷的禁令鬆弛以後，他們又把頭巾拿掉，又恢復了和尚的形象。其他宗派卻很難做到。因爲經書燒掉了，廟宇拆掉了。像文革一樣，一些不堅定的，也都改變了生活方式，要恢復起來很困難。禪宗的人，他有工夫、有定力，他們能頂住當時的那種逆流。當時的禪宗在八宗裏是力量較弱的一宗，通過會昌法難，禪宗起來捍衛佛教，拯救佛教，所以它的地位一下子提高了，那時的寺廟幾乎全是禪宗恢復的，那時也有好幾種寺院，有律寺、講寺、淨土寺，禪宗因爲有一大批保持了僧格的僧人，所以它一出來就席捲天下，成了此後中國佛教中最重要的一個宗派。

從那以後，由於禪師們用功方法的不同，接引衆生的方法不同，所以又產生了五家宗派。五家宗派中成立最早的是潙仰宗，當時潙仰宗的創始人就躲在湖南瀏陽縣一座人跡罕到的大山中，到朝廷毀佛的禁令停止，馬上把頭巾拿掉，出來修廟並建立了潙仰宗。

第二個宗派就是臨濟宗。爲甚麼在正定這樣一個比較偏僻的地方產生一個宗派呢？因爲從安史之亂以後，中國已沒有了開元、天寶那樣的大一統的政治局面，而是羣雄割據。河北這個地方，是當時思想最爲活躍的地方。臨濟禪師就是選擇了這樣一個地方來樹立一家的宗風，並得到當時地方官吏的支持。

趙州和尚與臨濟禪師是同時代的人，比臨濟禪師年齡大一些，輩份長一輩。他之所以行脚到河北，也是因爲找不到一個能真正體現自己禪風，體現自己宗旨的這麼一個天地，所以「趙州八十猶行脚，祇爲心頭未悄然」。未悄然固然有本份事的一方面，另外還有爲使佛法慧命得到延續的深切責任感和嚴肅的使命感。所以他遠離中央政權，遠離當時那種祇重知識，不重實踐的佛教環境，選擇了河北這樣一個思想比較自由的地方來開創道場。

這兩位禪師都在這裏弘法，不是一件偶然的事，這裏既有佛法因緣，也有時節的因緣。現在我們雖然看不到當時的那種盛況，但是，我們通過對歷史的回顧，就可以知道當時的祖師能在這裏活動不是一件簡單的事情。所以有人說六祖惠能之後最能代表禪宗思想的兩個人，一個是趙州和尚，一個是臨濟禪師。趙州和尚的禪風完全是出於一片悲心。曾經有人問趙州和尚：「如何是佛法？」趙州和尚說：「趙州橋。」那人又問：「如何是趙州橋？」他說：「渡驢渡馬。」這個公案是淺白的，稍稍思索一下就可以懂得，不需要怎樣去參。我們每一個人都要有趙州橋的精神，來負荷大地一切衆生，從我們的這座橋上走過去。趙州橋的精神就是大地的精神，慈悲的精神也就是大地的精神，菩薩的精神也就是大地的精神。我們能夠體會到這一點，我們能夠體會古人的那種良苦用心。

臨濟祖師也是非常重視人的，他重視的是真人，真人就是我們每個人的佛性、每個人的本來面目、每個人的當下。臨濟祖師說：「我們每個人的當下就是無位真人。」他說法的重點是在智的方面。所以兩位祖師一悲一智。而這兩點又都同時在兩位祖師的身上完整地體現出來。如果不能把悲智結合起來，那就不是一個真正的禪者。

我是到河北這兩個祖庭以後，又無數次地讀這兩位祖師的語錄，瞭解當時的一些情況纔有這麼一點體會。爲甚麼我會對河北這樣一個佛教非常落後、經濟非常落後的地方有這一份感情呢？就是因爲祖師的道德感召。有人要我把這個地方的工作丟一丟，叫我不要太辛苦，不要太分散精力。我說，我如果把河北佛教的工作丟下不管的話，對不起兩位祖師，對不起這塊土地。所以我仍然在這裏很喫力地慢慢地挪動，祇能說是挪動，一寸一寸地往前挪動，也許一年祇能動那麼一點點，這是我深有感觸的。

這是講這兩位祖師是怎麼產生的，爲甚麼會有這樣重要的意義。下面我來講一講臨濟禪師的傳法偈：

臨流不止問如何？真照無邊說似他；
離相離名人不稟，吹毛用了急須磨。

先解釋一下這裏的幾個主要詞彙，然後進入道理就比較容易。「臨流不止」──這個「流」指甚麼呢？可以是事上的流，也就是要進入正定時路過的有名的滹沱河。滹沱河就是臨濟宗的象徵，一般稱臨濟禪的源流爲滹沱嫡旨，祖印真傳。但更重要的是指理上的流，意識之流、業識之流，這纔是真正的實指。「真照無邊說似他」的他，應讀作tuo，這樣纔押韻。似，是送給的意思。「離相離名人不稟」，稟是拿起來的意思，掌握的意思。「吹毛用了急須磨」，吹毛是指吹毛劍，是形容劍的鋒利。下面說說這首偈語的整體意義。

這是臨濟祖師臨終時說的偈語。不管甚麼人，在臨終的時候，在生命的轉變的關鍵時刻，總會激起內心的種種思考。有些人在思考這個問題的時候迷失了，那麼他也就隨著業識而流下去了。而一個開悟的人，有修行的人，在滾滾的業識之流面前，臨流不止時應該怎麼辦？「臨流不止問如何？」這既是指他自己當時的一種情景，也是我們每一個人在修行的時候，乃至在生命的最後一刻的時候該怎麼辦？孔子在川上曰：「逝者如斯夫！」一個人的生命要結束了，怎麼辦？「真照無邊說似他」。沒有別的辦法，祇有提起正念，提起正知正見，用智慧的力量，祇有用智慧的力量纔能斬斷這個業識之流，纔能夠把握自己生命的每一刻。祇有說給你這個辦法，祇有告訴你這件事，你一定要用智慧來觀照，用智慧的劍來斬斷這個業識之流。雖說如此，但是這個業識之流，它沒有名，沒有相，沒有名，不可言狀，不可把握。所以說：「離相離名人不禀。」這個離相離名不可把握的東西可以說是業識之流，轉變了就是無位真人，就是我們生命的本體。人們要把握它確實不容易。

以上是正說，下面是喻說，「吹毛用了急須磨」。即使有像吹毛劍那樣的利劍，不磨也是會鈍的。所以說覺悟了的人，開悟以後要時時起觀照。這種觀照是任運的觀照，不是有意的觀照。我們要把握這個離相離名的生命本體，就要像用吹毛劍一樣，用了馬上磨，及時磨。

這四句偈語把臨濟禪的全部內涵概括無遺。佛教就是以這樣的精神來對待人生，這是臨濟禪的精神，是佛教的精神。

臨濟禪還有很多內容：三玄三要、四料簡、四照用、四賓主等等。山門口的碑上還有汾陽善昭禪師一首有名的偈語：

三玄三要事難分，得意忘言道意親，
一句明明該萬象，重陽九日菊花新。

把這兩首偈領會了，臨濟禪的精神也就領會了。我今天講的臨濟禪是閑扯葛藤，到此爲止。現在我們大家再來回味一下這兩首偈語，一定會有全新的感受。

原載《禪》，一九九三年，第四期

大乘、小乘、生活禪

一九九三年七月二十五日，講於首屆生活禪夏令營閉營式上

大乘與小乘

這是一個大家比較關心的問題。我首先就這個問題的性質進行一些初步的探討，並希望通過這次夏令營，大家能對佛教的幾個基本問題，有一個比較清楚的認識。

不管是大乘也好，還是小乘也好，都是佛法。大乘佛教是在小乘佛教的基礎

上發展起來的，是小乘佛教適應不同時空環境、特定時空環境、特定文化環境、歷史環境下發展起來的，大乘佛教是建立在小乘佛教的基礎之上的。從佛教的本意來講，並沒有甚麼大乘、小乘，祇有人乘、天乘、聲聞乘、緣覺乘、菩薩乘的五乘佛教。嚴格地說，小乘佛教應該稱爲南傳佛教，或者稱爲巴利語系佛教、上座部佛教，這樣稱呼纔不會傷害他們的感情。我們的大乘佛教則應稱爲漢語系佛教或者是漢傳佛教、北傳佛教。

小乘佛教在歷史概念上來講，應該是包括原始佛教和部派佛教。原始佛教包括佛陀時代到佛滅一百年左右，佛教沒有分裂前的佛教。在佛陀涅槃後一百年左右由於戒律上的問題，而產生了部派佛教。部派佛教開始時祇有兩派，就是上座部和大衆部。由於大衆部的發展，就逐漸產生了像大乘佛教這樣的思想。

我們從現在的佛教上就可以看出，佛陀時代，佛教中就有不同觀點和主張。在佛陀的僧團中，佛陀的親屬佔了很大的比重。譬如阿難尊者、難陀尊者、羅睺羅尊者。而另外一部分人是由當時社會上的一些外道的長者加入佛教而組成的，如大迦葉尊者等。所以當時在一些問題上多少就有一些不同觀點，隨著歷史的發展，逐漸就在佛教的教義、組織、戒律等方面形成上座部和大衆部。

一般認爲大乘佛教是由大衆部發展起來的，現在的南傳佛教就是接受了原來的上座部佛教的思想。上座部與大衆部由戒律上的分歧逐步發展到思想上的分歧，纔有了後來大乘佛教的發展。根據太虛大師的判攝，在原始、部派佛教時期，是大隱小顯，大乘佛教在一個比較隱蔽的情況下傳播的；到了部派佛教後期，大乘佛教纔很公開地出來傳播。這樣的判攝說明大乘佛教跟小乘佛教同時傳播，是同時從佛陀那裏延續下來的。

現在在南傳佛教國家以及臺灣、日本的一些佛教學者認爲大乘非佛說，這個問題一直爭論了很長時間，但是我們應該相信，佛教的經典，是在歷史發展的過程中，通過當時印度的羅漢、菩薩的傳播，逐漸地結集起來的，這個結集的根據，就是他們在師師相承中，記誦了佛陀的言教。在部派佛教結束以後，纔正式產生了大乘佛教和小乘佛教。這兩派的佛教一個向南傳播，一個向北傳播。向南傳到了斯里蘭卡，向北傳入了西域各國，最後傳到中國。

那麼大乘與小乘的根本區別在甚麼地方？根本區別不外乎三點：

㈠ 行願的不同

第一就是行願的不同。地藏菩薩「我不入地獄誰入地獄」、普賢菩薩代衆生受苦、觀世音菩薩救苦救難三十二應等，無不顯示了大乘佛教的拯救精神、奉獻精神。我們每天在做功課的時候都要發四弘誓願，這是大乘佛教的根本願力，也是大乘佛教最具特色的宏大願力。佛教裏有一種精進思想，和我們今天所提倡的進取精神，多少有一些相通之處。《華嚴經》裏講到：「不爲自己求安樂，但願衆生得離苦。」這是願力的體現、奉獻精神的體現。在中國、日本，韓國等這些大乘佛教傳播的地區，這種精神都非常完整地體現出來。

中國佛教傳播了近兩千年，翻開中國佛教史，就可以看到這將近兩千多年中，佛教經歷了種種的苦難、種種的曲折，但也到處體現了佛教救人救世的光輝事蹟。不說別的，就說現在保存下來的風景名勝有近百分之七十是佛教的，是佛教徒一代又一代的辛苦努力，纔能保存這麼多的名勝古蹟、名寺古剎，這是我國一千多年來的一筆無法估量的歷史財富，至今還在發生作用。這些都是佛教徒的願力的結晶，是佛教四衆弟子節衣縮食奉獻出來的精神財富。

在上座部佛教裏也有種種利他的教導，種種具體的實踐，他們以證阿羅漢果爲最終目標。南傳佛教國家當然也有一些輝煌的建築，如緬甸的大金塔，但大多數的寺廟都比較簡陋。從這些地方也能體現出願力的大小，修行的重點不同。南傳佛教重視的是每個人個體的修行，個人的寧靜和精神生活的充實。中國的大乘佛教同樣是要追求自身的安寧、安詳、完善，但是這種完善、安寧、安詳是要在奉獻當中來實踐，在利生當中來實行，在行菩薩道的同時來實現。它的先後次第是有一些不同的。聲聞乘或者說小乘佛教與大乘佛教最根本的區別就是行願不同。

㈡ 見地的不同

第二是見地的不同。大乘佛教認爲煩惱即菩提，生死即涅槃。它這個「即」並不是說不需要有一個淨化的過程，而是在超越的過程當中就實現了兩者之間的平等。在一切大乘經典裏到處都充滿這樣的觀點。古代有一個成語叫「見賢思齊」，還有一個成語說「彼既丈夫我亦爾」，古人以堯舜作爲做人的最高榜樣，所以又說「人人皆可爲堯舜」。正是在這樣一些思想的鋪墊之下，佛教的人人皆可成佛、當下就是佛、即身即可成佛的思想，在中國得到充分的發展。這是見地的問題，有這種見地纔有這樣的追求。禪宗特別强調「見地，强調見與師齊，減師半德；見過於師，方堪傳授」。見甚麼呢？就是要當機立斷地承認自己是佛，你纔有斷煩惱破無明的勇氣，纔能有去掉一切習氣毛病的勇氣。如果我們認爲自己離佛很遠，我們没有成佛的希望，那麼在修行上的上進心一定會受到影響。中國的傳統文化就告訴我們要立志高遠，所謂見地就是立志的問題，就是一個直下承當的問題。雖然在教下的理論中没有明顯地提出直下承當，但是有關「煩惱即菩提」、「生死即涅槃」的思想，在許多大乘經典裏也都體現得非常充分。

(三) 歸宿的問題

第三就是歸宿的問題。這是一個最重要的問題。南傳佛教對於證得涅槃後法身是不是常住的問題不加討論。佛涅槃了便斷了生死之流。大乘佛教則認爲，佛的法身是常住的。小乘佛教是證無餘涅槃，再没有任何東西留下來，大乘佛教是要證無住涅槃。證了涅槃並不住在涅槃裏。涅槃是常、樂、我、淨，這是大乘佛教的一個非常重要的觀點。

那麼不住涅槃住甚麼呢?佛有千百億化身，化身是爲了度衆生，所以大乘佛教處處都以衆生爲懷，佛以一大事因緣出現於世，是爲令一切衆生開示悟入佛之知見。他證得涅槃後還可能到衆生中去，甚至到餓鬼中去。如面燃大士就是觀音菩薩的化身，現餓鬼相，肚子很大，喉嚨很小，想喫東西又咽不下去。餓鬼象徵著衆生的貪欲很難滿足，欲壑難填，永遠都是處於饑餓狀態。所以佛、菩薩隨類化身，「衆生應以何身得度，即現何身而為說法」。大乘佛教與小乘佛教在歸宿問題上就存在這樣大的差別。

中國是大乘佛教最發達的地區，經過歷代祖師的弘揚，創宗立說，體系非常完備，非常充實，實踐內容非常豐富。不管是按那個宗派修行，都可以從境、行、果這樣的一個次第逐步深入。而今天的大乘佛教之所以非常籠統，是因爲各宗各派都沒有能把大乘佛教的教義真正弘揚出來，如天臺宗的觀法，可以說是各宗裏最完備的一家，《摩訶止觀》厚厚的一本，幾十萬字，就講我們應該如何斷惑證真，這是一部非常了不起的著作。還有一本《小止觀》。一般人如果能根據《小止觀》修行，也是非常有次第的，如張聲作先生說：「中國佛教各個宗派的名山大寺，都要有專門研究本宗經典、教義的人員，纔能真正把中國佛教的優良傳統繼承下來。」

我覺得，大乘佛教裏一個最致命的問題，就是太圓融了，各個宗派之間的界限都被抹殺了。圓融固然有它好的一面，大家你好我也好，禪淨可以雙修，淨密可以雙修，禪密可以雙修，各宗的教義都祇能淺嘗輒止，沒有人進行深入的研究，深入的領會，深入的實踐修證，結果是一樣都成就不了。這樣下去勢必使各宗都不可能出現大師級的人物來弘揚。

我們怎樣纔能發揮中國佛教自身的優勢呢？那就要靠我們的修行，靠我們的修證，靠我們的實踐取勝。我們在道風上、在自身建設上，儻若能夠真正著力的話，我們還是可以處於領先地位的。

大乘佛教有它極豐富的東西，各宗都有完備的思想體系和修行次第，這些都要靠我們來學習、研究、繼承和發揚。當然，在臺灣也好，在大陸也好，都有一股要回歸原始佛教時期、阿含時期的潮流，這個想法一點不錯，但是要把中國佛教拉回到兩千五百多年前，似乎是不太現實的，佛教在中國已經走過了漫長的兩千多年的歷程，如果再拉回去的話，這兩千年的歷程就白走了。這兩天，王雷泉先生、于曉非先生都講到佛教中國化的問題，大乘佛教在中國有著非常深厚的歷史現實基礎，作爲大乘佛教教徒，我們應該也有責任把這些優良的東西發揚出來，走回頭路應該不會有出路。

悲與智

現在有不少人學佛都是從功利的目的來求神拜佛。如果從功利的目的學佛，他的心量是很小的。爲了暫時的目的學佛，如求財、求子、求好運、求升官、求免疾病等等，這些求對不對呢？我覺得這些求都是對的，也是有效的。有不少的人說學佛後身體好了，家庭平安了，事業順利了，這很對，假使信佛不能帶來好處，也沒有人來學佛了。信佛是能健康、平安的，這是爲甚麼呢？我覺得是信息的反饋。大乘佛教說，佛、菩薩的法身遍一切處，就像空間裏存在電波一樣，電波裏能傳遞信息，衹要把接收器的頻率撥對了，就能接收信息。佛的感應也是這樣，衹要我們有信佛、菩薩的願力，我們乞求、呼喊就會有感應。有人說到某寺院去身體就好了，這是寺院裏都有一個良好的信息場。我們稱寺院爲道場，是修道之場，有人在修道，加上又有這麼多帶有好的信息的人到道場來，也就給這裏留下了很多好的信息。但是，是否有感應，也跟每個人當時的心態有關。如果你自己的心態與這個道場沒有產生共振、共鳴的話，那也是不會有效應的。

假使我們僅僅是爲了一己的平安、幸福來信佛、拜佛是不夠的，因爲這樣不能提高層次。我們應該把佛、菩薩的悲智雙運的精神，貫徹到我們信佛學佛的實踐當中去。悲智雙運是一種甚麼精神呢？應該是希望能代衆生受苦。有人說：「我信佛真有感應！有一次我上五臺山，前面的車子翻了，我一路念文殊菩薩，所以能倖免於難！」這種心量是不夠大的。

慈悲，慈能與樂，給衆生安樂，悲能拔苦，解救衆生的苦難。如果不能拔苦與樂，慈悲何在呢？但是也不能一味地慈悲，沒有智慧的慈悲也可能是感情用事，有智慧的慈悲纔能從感情裏昇華出來。我們一定要具有大慈悲，具足大智慧，有這兩樣，就像車子有兩輪，鳥有兩翼，纔能飛高致遠。飛高是上求佛道，致遠是下化衆生。所以做爲佛教徒是永遠沒有休息的，永遠都應爲衆生勤懇地奉獻。

宗與教

宗教最早是佛教的一個詞，現在是對所有宗教的一個通稱。在佛教裏它有特定的含義，宗是指宗門，教是指教下，也有叫宗說的。就是說實踐與理論兩方面。說就是理論，它是在一個特定的背景下的判斷。宗不能離開教，教也不能離開宗。《六祖壇經》中說：「說通及心通，如日處虛空，唯傳見性法，出世破邪宗。」禪宗把它廣大的實踐、高深的見地建立在佛教經典的基礎上，儘管六祖是個不識字的人，但是《壇經》中引用的經典也有十多種，其中有一些是很重要的經典。禪宗的產生實際上是在教理的佛教，也就是像唯識宗、三論宗、天臺宗、華嚴宗等宗派產生了危機的時候出現的。永嘉大師〈證道歌〉上說：「分別名相不知休，入海算沙徒自困。」因爲這些宗派過份强調了理論研究，沒有很好地繼承本宗的實踐和觀法，就沒有了靈魂，成了一種學問。所以禪宗起來弘揚以實踐、修證爲中心的直指人心、見性成佛的法門。它是不是就不要教理呢？不是，從達摩大師到六祖惠能，這一階段的禪師都是把自己的言教建立在佛經的基礎上的。達摩大師明確說要「藉教悟宗」，六祖在《壇經》裏也曾明確表示不贊成不立文字，他說：「祇此不立二字也是文字。」不立文字並不是不用文字。他說：「你自己不肯看經，不要誤了衆生，誤了衆生是有罪過的。」六祖在開悟後弘揚佛法還是教育他的弟子要很好的通達經教。

後來由於歷史的發展，禪教形成對立的局面，纔有一些禪師反對看經，認爲看經就會增長知見，知見多了煩惱就多。但也並不是一下手就讓學人這樣做。過去佛教的修學次第還是很明確的。學過沙彌律的都知道，出家人要求五夏之前專精戒律，五夏之後方可聽教參禪。這個學習的次第非常好。我們知道禪宗的很多祖師，他們都有很好的教理基礎。所以，我們今天學佛更應該如此。要力戒狂禪，同時也要避免文字禪、葛藤禪。如果是狂禪，那就是空中樓閣，沒有理論基礎，也就不會有真正的禪；如果是文字禪，那就把這個修行的殊勝法門變成了一種知識，變成了口頭禪，那是無濟於事的。所以我希望所有學禪的一定要以經典爲基礎，不能離開經教來談禪。所謂：「通宗不通教，開口便亂道。」

生活的迷失與覺醒

我們說的生活禪，如果就生活本身來說，應該是從迷失的生活到覺醒的生活這個過程是生活禪，這是第一步；第二步是從生活的覺醒到生活的超越是生活禪。在生活中如何落實佛法？如何修行？如何體現佛法的精神？如果我們在生活中不能運用佛法，佛法與生活脫節那不僅不是生活禪，也不是一個修行者應有的態度。

學佛的最終目的，也可以說學佛的起步就是要跟生活緊密地結合在一起，如果不能與生活緊密地結合起來，生活歸生活，信仰歸信仰，把生活與信仰打成兩橛，那我們學佛永遠都不會有收穫，不會有真正的體驗。祇有把佛法的精神，也就是戒、定、慧的精神、利他的精神、慈悲的精神、智慧的精神具體地運用到生活的每一個方面，運用到做人的分分秒秒當中，這樣纔能得到信佛的效果。要時時處處照管自己，要用佛法的精神融入我們生活的分分秒秒，所有的時間，所有的空間。這樣我們就能成爲一個法的化身，成爲一個上求佛道，下化衆生的菩薩行者。學佛不能如此，那就會是一個說食數寶的人，我們真正把佛法的精神食糧喫到肚子裏去，真正擁有佛法的珍寶，我們纔是一個擁有佛法的人，體現佛法的人，纔真正是一個學習生活禪的人。

現在的社會是一個非常忙碌的社會，也是一個挑戰、引誘特別强烈的時空環境。我們時刻都可以見到利欲在引誘我們，在向我們挑戰，我們如何在這樣的環境中做一個潔身自好的人、做一個品格高尚的人、做一個淨化的人、做一個身心健康的人、做一個自利利他的人，那就要用佛法的精神經常地、時時刻刻地來薰陶自己，使我們迷失的生活向覺醒的生活、淨化的生活轉變。

各位法師、各位居士、各位學者已經給大家講得很多，這裏我就僅以此四點供養各位，也可以算做是給大家的臨別贈言。謝謝！

原載《禪》，一九九三年，第四期

思惟暇滿人生

今天講的這個題目是「思惟暇滿人生」。如何思惟已經得生人間的因緣，就叫做「思惟暇滿人生」。暇有兩個意思，一是指有這個時間，二是指有這個因緣。如果說有了這個時間，有了這個因緣，就叫做有暇的人生。如果沒這個時間，沒這個因緣，就叫做無暇的人生。有這個時間、有這個因緣做甚麼呢？有這個時間、這個因緣得聞佛法以修行。

有暇和無暇是相對的，各有十種。唯識宗講八無暇，密宗講十無暇。下面我們根據唯識宗講八無暇。八無暇就是指我們人生感受到有八種環境是沒有條件得聞佛法、學習佛法的。那八種環境呢？

第一種無暇是地獄。因爲在地獄中經常受苦，根本沒有因緣得聞佛法，故稱無暇。

第二種無暇是餓鬼。餓鬼也是痛苦很多，連飲食都不能滿足。因爲餓鬼肚子很大，咽喉很細，時時刻刻渴求飲食，根本就沒有機會得聞佛法。

第三種無暇是畜生。因爲畜生沒有思惟能力，便沒有辦法接受佛法。所以在三惡道受苦的這些衆生，它們不得自在、不聞佛名。

第四種無暇是邊地。邊地指文化落後，沒有佛法傳播的地方。從我們國家來講，有佛法不到的地方，從世界來講，也有佛法不到的地方，這些佛法不到的地方就是邊地。佛法不到的地方，同它那裏文化思想落後，各個方面都不發達有關係。所以，我們發願時，都希望不要生在邊地，要生生世世生逢中國，得遇明師。

第五種無暇是長壽天。長壽天由於它修的福報，所感的壽命很長，它整個的生命過程就是昏昏沈沈，沒有智慧，沒有覺醒，所以它也不可能有得聞佛法的機會。

第六種無暇就是沒有佛出世的地方。有佛出世，我們纔能聽聞佛法；沒佛出世，沒有經典的流通，沒有法音的傳播，我們要想接受佛法也是不可能的。

第七種無暇就是諸根不具。譬如聾啞，你要叫他來修學佛法，有很大困難。或者是呆傻的人，也不可能聽聞佛法。

第八種無暇就是邪見。這種人可能已經避免了上面七種無暇，他或許還很聰明，但他有邪見，他不相信因果輪迴，不相信三寶。他有可能天天與佛法接觸，卻不會有敬信心。這樣的人是很多的，這種人也屬於無暇，叫做無暇來接受佛法。

以上這八種無暇，我們在座的這些人都避免了，我們翻無暇為有暇。我們現在既不是在地獄、餓鬼、畜生當中，也不在邊地、不在長壽天，而是在有佛出世的世間，而且六根具足，也沒有墮於邪見的羅網。所以我們應該為此感到慶幸、應該生起一種難得的稀有心。這就是上面所講的暇。

滿是甚麼呢？滿就是圓滿。有自圓滿和他圓滿。自圓滿和他圓滿各有五種，一共有十種圓滿。

自圓滿：第一種圓滿就是生在人中，第二種圓滿是生在中國，第三種圓滿是諸根具足，第四種圓滿是無宿業的顛倒，第五種圓滿是具足正信。如果我們具足這五種圓滿，也就是我們具備了接受佛法的內在因素。

還有外在的五種圓滿，即他圓滿：第一種圓滿是佛出世，第二種圓滿是說正法，第三重圓滿是教法住世，第四種圓滿是助法隨轉，第五種圓滿是有善知識攝受。這是我們能夠接受佛法的外在的五個積極因素。

自圓滿和他圓滿這兩者加在一起就叫做十圓滿。我們做爲一個學佛的人，就是要經常地思惟這十種圓滿。那麼我們今天就以這十種圓滿來檢查一下，看我們今天學佛的環境是否具備了這十種圓滿？應該說，我們在座的，還有很多不在座的比丘、比丘尼、善男子、善女人，都具備了這十種圓滿。既然具備了這十種圓滿和八種有暇，那麼我們就得到了一個暇滿的人生。我們既然得到了一個暇滿的人生，就不要辜負它，就要時時刻刻珍惜這得來不易的暇滿人生。

我記得我們在中國佛學院的時候，正果老法師就教導弟子，要利用我們得到的這個暇滿的人生，來很好地修行，很好地學佛。而在我們平常，我們往往不去思考，不去思惟，就感覺不到我們現在這種環境的殊勝和來之不易。譬如這八有暇，因爲我們已經得到了人身，便覺得沒有甚麼好稀罕的。但你若仔細思考，纔知人身得來不易。佛教有一句話：「失去人生的機會，就像大地上的土一樣；而得到人生的機會呢，就像針尖上的土。」針尖上的土與大地上的土是根本無法相比的。我們如果把這個道理經常加以思考，我們就會時時刻刻珍惜此生，發起無上的道心。特別是我們年輕人，要懂得這個道理。不懂得這個道理，就會放逸，就不知道抓緊時間，趁此青春年少的時機多學習、多修行，多來充實自己。

今天，我爲甚麼要講思惟暇滿人生這樣一個題目呢？就是提醒大家要强化「人生難得，佛法難聞」這個思想。因爲我們平常講「人生難得，佛法難聞」，往往比較抽象，如果用這八種有暇、十種圓滿來加以强調後，「人生難得，佛法難聞」的概念就會比較清晰、比較具體了。我講這個題目的目的，就是要大家經常思惟我們這個得之不易的暇滿人生。所以大家一定要把這個暇滿人生的法數記住。祇有記住這個法數，經常思惟這個道理，纔能對我們修行有利，對教化衆生有利。我們學佛時，常常信心不足，精進心發不起來，都是由於在這方面思惟不夠。我們經常在這個方面多做思考，精進心纔能發起。

一九九四年七月八日，講於趙州柏林禪寺

願願不離國土的莊嚴、衆生的淨化

僧人與信衆的共修活動

按照中國傳統習慣，每年正月寺院要舉行法會，一方面爲國家、爲人民祈福消災，一方面爲廣大的信徒、寺院的護法祈福消災。所以福建、廣東、臺灣的一些寺院要在這時拜《萬佛懺》，一般從正月初一到十五，但每天的活動不像我們這麼嚴格，祇是上下午各拜一次。我們這樣的藥師法會是比較特殊的，爲甚麼呢？因爲我們做這個法會基本上是沒有齋主的，是靠大家一起來發心，一起來消災，一起來修行，一起來懺悔，一起來發願、迴向。

我們這麼做是和《藥師經》的精神脗合的。《藥師經》、《藥師懺》上都講到：我們要祈福消災，首先是要供僧。大家都看到這幾天供僧的很多。供僧是從釋迦牟尼佛那個時代開始一直到現在最傳統的祈福消災的方法。

爲甚麼這樣說呢？因爲僧人一天除了修行辦道以外沒有任何家事俗務的拖累，他一天所做的事情都是爲了修行弘法。他每天也忙，但他不是爲家事兒女而忙，不是爲了自己的私利而忙，他們是爲了佛法、爲了修行而忙。所以一個合格的僧人是不會有自己的私利，他祇有一片爲佛法的公心，供養這樣的僧寶，功德是很大的，因爲他能夠把他所有的功德迴向給大衆。所以佛住世的時候信徒要祈福消災，首先就是來供僧。

一直到現在，不論是中國還是外國，特別是南傳佛教的一些國家，都是以齋僧做爲祈福消災、度亡超薦的最主要的方式。譬如家裏有喜事了，或者家裏老人往生了，或者家裏有人生病了，都是請僧人來家裏用齋。因爲南傳佛教的寺院基本上不起火，僧人靠托鉢維持生活；也有請僧人到家裏去應供，喫完飯僧人就給念經，最後信徒還要送些生活用品，如毛巾、牙膏等給出家人。在中國也是以供僧爲祈福消災的主要方法，祇是形式改變了，因爲中國的寺院自己起火，信徒來了祇要拿點錢就可以供齋。

《藥師經》、《藥師懺》上都講了這個道理。我們這次法會雖然沒有齋主，但大家都很發心，供齋、供僧很踴躍，而且大家每天都很積極地參加早、晚殿和拜懺。我們舉辦這個法會的最根本的目的，是要引導大家來修行。（以下略）

懺悔：洗滌身心的染污

《藥師懺》的精神主要是甚麼呢？我想大家通過這幾天的念誦禮拜，每個人都會有自己的心得體會，我個人也有一些體會。顧名思義，《藥師懺》是以懺悔爲主。我們每一個人從無量劫以來，輪迴六道，不明因果、事理，做了種種有違因果規律、不順解脫、不順道德的行爲。在沒有學佛以前，我們對自己的所作所爲，不但對過去世的一無所知，就是對這一輩子的所作所爲也沒有一個明確的是非標準；祇是在學佛以後，纔慢慢地知道一點。我們已經做了種種不應該做的事情，所以我們要**發露懺悔**以往所作所爲的種種錯事、種種罪業。

爲甚麼要懺悔呢？因爲我們的根身、心識被過去的惡行所染行了，好像是一個器皿曾經裝過髒東西，現在雖然沒有髒東西了，但那氣味還留在器皿上，我們必須用種種辦法來洗滌、清除，使它恢復本來的清淨面目。我們的根身、心識也是如此，過去做了種種的錯事，今天儘管不做了，但是它對我們心識的染污還是嚴重的。我們要改往修來，要學習佛法，如果不懺悔發露，那就很難接受淨法；即使接受了淨法，因爲參雜了染污的東西，那淨法也會受到染污，所以必須懺悔。好像一個茶杯，裝過了髒的東西，如果不洗乾淨的話，要裝乾淨的飲料，那也會變得不乾淨的。因此，懺悔對於我們學佛的人來講，是非常非常重要的一件事。我們不管做甚麼佛事，都要懺悔，譬如早課的《十大願王》、晚課的《蒙山》、《大懺悔文》，都有懺悔的內容。

懺悔，一方面是清除染污的東西，另一方面更爲重要，不知道大家拜懺時注意到沒有，如果注意到了，說明拜懺很用心、很投入，如果還沒有注意到，那就必須注意，這就是叫做「斷相續心」。我們僅僅把以往的染污，把由於無明煩惱所起的業懺悔了，但這還遠遠不夠，而且還要永遠不再去做；不僅行爲上不再去做，而且意念上也要停止作惡的念頭。所以懺悔是在行爲上改往修來，從頭做起，在思想上要「斷相續心」，這樣纔能真正地達到懺悔的目的，真正把懺悔和我們的修行密切地結合在一起。

發願：著眼於生命的現實

懺悔以後就要發願。我們後天就開始誦《藥師經》，藥師佛在因地發了十二大願，這十二大願都是非常現實的，願願不離國土的莊嚴、衆生的淨化。實際上不管我們發多少願，如果我們心心念念都想到衆生的淨化、國土的莊嚴這兩件事，那麼十二大願就都具備了。

國土的莊嚴，就是我們衆生的依報要莊嚴；衆生的淨化，就是我們每一個人的正報要莊嚴。正報指的是我們的身心，依報指的是我們賴以生存的環境。可以說，我們所做的一切，世間法也好，出世間法也好，都是要求得依正二報的莊嚴。用現在的話來講，就是精神文明和物質文明，精神文明就是衆生的淨化，物質文明就是國土的莊嚴。我們佛教還講修福修慧，修福就是要國土莊嚴，也就是物質文明；修慧就是要衆生淨化，也就是精神文明。所以世出世法是圓融無礙的。

學習藥師法門的關鍵，就是不把一切寄託在死後，參加法會的最年輕的教友祇有十一歲，假使活到八十歲的話，離死還有半個多世紀，你怎麼過？半個多世紀，這個國家，這個世界要發生多少變化，如果我們每個人都能夠用自己身心的力量來影響這個國家，使它朝著向上、向善的方向發展，那我們就能夠做到衆生的淨化、國土的莊嚴，所以藥師法門著眼於現實。如果我們能夠把現實的問題處理好，我們當下身心就能夠淨化；當下能夠把握我們生命的方向，那麼死後的問題就有把握了。如果我們當下不能把握生命的方向，那麼死後的方向又怎麼能夠把握得住呢？

藥師法門的十二大願，願願著眼於我們衆生的生命現實，著眼於生命現實的改善、淨化和解脫。藥師法門是積極向上、積極向善的法門。要做到這一點，發願非常重要，世俗上講「有願必成」，發了願，做事情就有動力，就有方向。

迴向：擴大我們的心量

發願以後要迴向。迴向就是要把一切好事讓所有的人來分享，不把個人的功德佔爲己有，而讓大家都來分享。迴向的根本意義，就是要擴大我們的心懷，讓我們心中不僅僅有我們自己，更應該有一切衆生，把一切衆生作爲我們做任何事情的出發點，這就是有了迴向心。

迴向的具體內容是迴己向他，就是把自己的功德吉祥、安樂、自在讓大家共同分享；還有就是迴小向大，其本意是修小乘的人要發心修大乘；從引申的意義來講，如果我們做一件事僅僅是爲了一己的利益，那就很小，如果我們把心量擴大了，那麼這一件事儘管是一件小事，而由於出發點不同，意義就不同了，這也是迴小向大。另一方面是迴因向果，我們在因地中做一件事目標是很具體的，譬如他肚子餓了，我捨一頓飯給他喫，他喫了飯肚子就飽了，這個目標是很具體的，這是在因中的，我們要把這件事跟最終的果聯繫起來，那就是成就無上菩提，就是要跟成佛聯繫起來，這就是迴因向果。

總而言之，發願以後要迴向。有了迴向心，我們纔真正具備了大乘根器；沒有迴向心，大乘根器就不具備。這也是大乘佛教的一個特色，也是藥師法門的特色。我們這次吉祥法會，拜《藥師懺》，念《藥師經》，也要迴向，要把我們這次法會的功德，不僅要與我們柏林寺有關的人分享，還要和十方法界一切衆生分享，能如此迴向，那我們這次法會的功德就會非常大。所以我們修行發願不能祇局限在一個很小的目的上，一定要使我們的心量廣大、發心廣大，這樣纔能有大的成就、大的收穫。

以上是我們舉辦這次吉祥法會的意義。

答信衆問

下面我就大家提的一些問題作一個總的回答，因爲有的問題在我剛纔講的內容裏已經解釋過了，所以就不再對每一個問題作具體的解答。

總的來說，我們學佛的人非常重要的一件事就是經常親近善知識，經常去聽聞正法，這樣有甚麼疑難就可以馬上得到解答。聽聞正法包括兩個方面，一是聽某一法師、居士講經說法，另外我們自己要經常看佛教經典、佛教刊物，這樣我們就可以增長見聞，增長智慧，消除疑惑。

有人問我們爲甚麼要選擇在正月裏做這個法會？我想這有幾方面的考慮：世俗的諺語講，「一年之計在於春」，正月既象徵著一年四季的開始，也是我們人生在短暫的幾十年中一個新的起點，所以選擇這個時間有一定的象徵意義；另一方面，大家在新年春節期間，都有一點閒暇時間，可以把家事公事稍微放一放，來參加幾天的共修活動；從寺院方面來說，我們想在新年伊始舉辦這樣的法會，既爲我們的護法、信衆祈福消災，也爲國家的發展、世界的和平做一次祈禱，希望在新的一年裏我們每一個人都吉祥如意，也希望國運昌隆；因爲國家的命運和我們每個人的命運都是息息相關的。我們要仰賴三寶的慈悲，護法龍天的庇佑，使得「國界安寧兵革銷，風調雨順民安樂」。這樣我們就有一個好的依報，我們正報的莊嚴淨化纔能有一個好的外緣、好的環境。所以我們要選擇正月間來舉辦這個法會。

還有人提出來爲甚麼叫上元節？中國的傳統是把正月十五稱爲上元節，七月十五稱爲中元節，十月十五稱爲下元節。我們佛教一般祇過上元節和中元節。

也有人問禪淨能不能雙修的問題，因爲聽臺灣淨空法師講禪淨是不能雙修的，要專修淨土一門，不要去修其他法門。我想淨空法師提倡、强調淨土法門的殊勝也未嘗不可，但是如果說祇能修淨土法門，不能修別的法門，這又强調得過分了。因爲衆生有種種無明煩惱，種種習氣毛病，有種種的根機，不能靠一種藥治療所有的病。衆生有種種的根機，所以佛法有種種的法門，淨土是所有法門中的一法，不是一切法；同樣地，其他法門也是一法，不是一切法。有的人可能修淨土法門比較相應，我們就勸他修淨土；有的人修密宗比較相應，我們也可以讓他去找師父修密法；有的人參禪比較相應，那就勸他好好參禪；乃至修其他的法門，都是如此。八萬四千法門，祇要能對根機，那麼法法都能解決我們生命中的問題，法法都是妙法，我們不要把佛所說的法相互對立起來。對立起來看佛法，那麼可以說不僅是一法不對，而且是法法都不對了。

我們既可以專修淨土，也可以專修禪宗，同時也可以禪淨雙修。重要的是我們能不能把握我們生命的每一刻，能不能把握我們當下的一念。能夠把當下一念握得住，那就念佛也好，參禪也好，禪淨雙修也好。把握不住，就是把喉嚨喊破了也無濟於事。學佛人最關鍵的問題是要把修行落實在當下，當下的一念你管不管得住，你管不住的話，修甚麼也白搭，你管得住，念佛也好，參禪也好，法法皆妙。

另外有人提出來受菩薩戒的問題。在家信徒並不是每個人都要受菩薩戒的，菩薩戒是修行到一定程度，各方面條件、環境都允許，這樣纔可以受菩薩戒。因爲受戒就要學戒、持戒，假使受了菩薩戒，沒有條件來學戒、持戒，那麼我們就不要忙著去受，這一點一定要注意。

這次法會還有兩天就要結束了，這個期間各位師父、各位居士都很辛苦，我覺得像這樣一種僧俗之間非常融洽的氣氛是很難得的，我非常希望這種氣氛、這種道風能夠保持下去並逐步發揚光大，使這種僧俗之間的共修活動愈辦愈好，真正產生一些影響，能夠逐步改變佛教界某些不健康的風氣。當然我們這個僧團成立的時間還很短，仍有許多不能盡如人意的地方，我也希望本寺的老護法和新護法都給我們留下寶貴的意見，使我們的僧團能夠逐步地健全、鞏固起來，使它真正成爲一個和合共住、清淨莊嚴的僧團。我們這個地方的開創以至能夠有今天這個局面，都是跟我們在座的、不在座的居士們的護持分不開的，所以大家一定要非常愛護已經形成的這個局面，並使它不斷鞏固、發揚光大，這樣我們對這個地方過去已經付出的辛勞纔能真正顯示出它的作用。

一九九四年二月二十二日，講於柏林禪寺吉祥法會

原載《禪》，一九九四年，第三期

當代佛教契理契機的思考

香港佛教法住學會第七屆學術會議「佛教與現代挑戰」國際會議論文

一 佛法常新

大約從本世紀初葉開始，中國佛教即出現了所謂「現代」與「傳統」、「革新」與「保守」的分野。在一般人的認知裏，「現代派」是改革、激進的，「傳統派」是消極、保守的。在歷史洪流的激蕩下，此二者的壁壘日趨森嚴，甚或發生一些碰撞、糾葛。有些人一旦思惟中國佛教發展的趨向，就慣於將視野窠臼在

「傳統」與「現代」的二難中，或流於一邊，或莫知所從。

這是一個煩惱，一個時代的煩惱。

煩惱的外緣，當然是中國文化自上世紀開始受到異域文化的衝擊，煩惱的內因則是我們這些承擔佛教慧命的人，缺乏透徹的智慧和中道的心態。

以我的意見，就佛陀的教法應機施設而言，佛教不應該有現代與傳統的分別。佛教，究其根本意趣，它永遠是現代的，是當下的。

所謂佛教永遠是現代的，是指佛教應該永遠契合當時、當地社會人心的因緣形勢而新之又新，新新不已，引導人們如何在當下離苦得樂。

佛陀爲化導衆生故出現於世。爲甚麼要化導衆生呢？因爲佛陀以覺者的智慧洞徹衆生生命流轉的困窘苦痛，他最知道衆生需要佛法。換言之，佛法也需要衆生。佛陀的教法並非憑空施設、無的放矢，而完全是爲了療治衆生的疾病，是應病與藥。藥是爲病而設的。離開了病，藥全無價值。這樣看，佛法不能在衆生的疾苦之外存在，它應與衆生緊密相關、呼吸與共。否則就會爲人們所遺忘，乃至被時代所拋棄。

這便要機教相扣，或者說契理契機。

契理契機的教化永遠是現代的，永遠是當下的，永遠最新的。近代太虛大師論述此一問題至爲深刻，他的〈新興能貫〉一文中講到：

> 平常所說新，乃對舊的反面而言，而佛法真勝義中無新無舊……。然依佛法契理契機的契機原則，以佛法適應這現代的思想潮流及將來的趨勢上，在一個區域之中，一個時代裏面，適應其現在的、將來的生活，則有一種新的意義，便是契機的意思。根據佛法的真理，去適應時代性的轉移，隨時代以發揚佛法之教化作用。……即是佛法活躍在人類社會或衆生世界裏，人人都歡喜奉行。

依這種理路透視當代佛教，不僅能釋然於「革新」與「保守」、「傳統」與「現代」的緊張，而且能擺脫種種悲觀情緒，獲得既沈著堅毅又進取無礙的心態。

處在時代大潮洶湧向前、人類生活日新月異的今天，教內有種種悲觀情緒，要而言之，不外是：

其一，以爲佛陀在兩千多年前創立的教法已不能適應時代人心的現實，不能指導人類精神的淨化與提升。這是對佛教自身的悲觀。

其二，以爲現今時代科技失控、道德淪喪、人心惟危，信仰日益淡化，人類文化如剎車失靈的汽車正衝向危險的深淵，「孺子不可教也」！這是對人類命運、對衆生善根的悲觀。

這兩種悲觀都會削弱我們的願力和智慧，渙散我們弘法的勇氣，所以我們應對之生起覺照。

佛陀的教法是當機的。這個「機」是指一切時空裏的衆生，而不僅限於古印度。佛陀對人類內心世界及生命規律的揭示過去如是，現在如是，未來亦如是。譬如人性的弱點——貪、瞋、癡、慢、疑，現在的人們是不是就擺脫克服了呢？不是的。不同的祇是表現形式有了變化，其實質並無二致。所以，佛法最根本的內容是法爾如是、亙古常新的，它永遠不存在過時與否的問題。事實是到目前爲止，人類文化史上尚沒有一種宗教、一種哲學有佛教這樣强大的生命力。它悠久的歷史、精深的教理、廣大的覆蓋面，成就了難以數計的覺者，以及它不斷自我更新的能力，這一切無可爭辯的事實，在人類文明史上罕見其匹。

佛法在今天不僅沒有過時，相反的正當其時。因爲這個時代，佛陀所針砭的人類的煩惱比以前更爲熾盛，表現得更爲充分明顯。佛法的清涼甘露適得其需。所謂「好雨知時節，當春乃發生」，現在正應是佛法的春天，是法雨普潤、揮灑甘霖的時節。但困難的是如何纔能做到「隨風潛入夜，潤物細無聲」。這就需要弘法者具足闊大的胸懷、超人的膽識和善巧方便的教化方法。

至於衆生的善根，那是和其煩惱業障同樣深厚的。佛陀當日在菩提樹下慨歎：「一切衆生皆有如來智慧德相。」佛陀的慨歎源於其智慧的灼照，我們的悲觀是因爲智慧的黯弱、願力的缺乏和泥古不化。如果說要革新的話，首需革新的是我們的懶惰與迂執；如果說要保守的話，我們需永遠保守佛陀乃至歷代祖師對衆生的信心及其觀機逗教的善巧。如死執陳規而忽視時代人心的新形勢，那恰恰是對佛陀、對歷代祖師度生弘願的背離。

要之，我們應緊扣契理契機這一中心，把握時代的因緣而作對機的教化，這纔是佛教現代化的真意，也唯有如此，佛教纔能維繫其萬古常新的生命，作人類精神的導航燈。

二　現代化與化現代

現時佛教發展的種種疑難和缺陷，都集中在契機這個問題上。如何使佛教更好地契合現代人的根性，適應時代的環境，而又能發揮改善現代環境的作用，這就是佛教現代化的內涵。

衆所週知，中國佛教最興旺的時代正值封建小農社會。現今時代社會的經濟活動、政治結構、文化氛圍和過去相比發生了極大的變化，在這些變化中和佛教關係最密切的有以下幾點：社會經濟由自給自足的小農經濟演變爲市場經濟，商業活動在人們的生活中佔有日益重要的位置；地球上人類生活的聯繫愈來愈密切，各種不同的宗教、哲學在更大的範圍以更快的速度發生交匯、碰撞；交通工具的發達、傳播手段的進化使信息的交流、人員的往來更易擺脫時空的限制；人類生活愈來愈依賴於科學技術；先進的科技手段使人們的感官享受日益豐富多樣，而人們要滿足感官的需求也比以前更方便、更自由……。

和上述因緣相適應我以爲我們今天應著重發揚人本的佛教、社會的佛教、世界的佛教的精神，充實、豐富人間佛教的內涵。

人本的佛教，就是要以人爲本，關懷人生、發達人生、淨化人生，著眼於現實人生當下煩惱的淡化、智慧的增上、道德的提升、生活的改善，從而達到人生的解脫。珍視人生，這其實是佛教的本義。佛陀是以人身應化在人間。人間是希望與苦痛參半，清淨與雜染參半，光明與黑暗參半。人生具有最大的能動性和無限創造的可能性。校諸經教，處處皆可發現人身難得、珍惜生命的教義，說明佛教是以人爲本的充滿智慧的宗教。

人本的佛教應該高揚覺悟人生、奉獻人生的主題，以之啓迪、攝受現代人。覺悟人生是智慧解脫，奉獻人生是慈悲關懷。二者的融和無間就是菩薩的人生，是大乘佛法的真精神。

社會的佛教，就是要積極參與而不是消極隱遁。我們要充分利用科技手段，通過各種社會渠道面向社會弘法，並積極主動地興辦各種利益人羣、服務社會的文化、慈善、福利事業，介入社會、參與社會，使佛教界成爲社會各階層中的一個真正的實體。

世界的佛教，就是要面向世界、走向世界而非閉關自守、抱殘守缺。佛教本起源於古印度，後來逐漸向印度周邊國家傳播，形成今天弘揚國際、覆蓋全球的三大語系的佛教。這一歷史事實表明了佛教强大的生命力和廣泛的適應性。我相信，佛教可以在一切地區、一切人種中生存發展。和古代相比，現今的傳播手段日新月異，慚愧的是，我們在對外弘法方面所作出的努力卻遠不及古人。

建設世界的佛教我以爲應包含三方面的內容：其一是三大語系佛教之間的溝通與交流。其二，在世界文化的背景下對佛教文化予以新的闡揚發揮。這方面的工作非常重要。我們都知道日本鈴木大拙氏在向西方介紹禪方面作出的貢獻。他能用新的哲學語言在東西方宗教、哲學比較的視野內闡述禪，所以能引起許多西方人的興趣。其三是大力向異域弘法。歐美現在都已有佛教的寺院，但據我所知，它們主要面向亞裔僑民，真正直接向西方人弘法的還不多。

人本的佛教、社會的佛教、世界的佛教就是人間佛教，也就是現代化的佛教。這自然不衹是一個抽象的理念，而是一個歷史實踐的過程。在這一過程中，會有一些不能適應時機的東西被揚棄，會有一批續佛慧命的菩薩應運而生，人類歷史文化將展現更爲燦爛的篇章。

今天，當我們探索佛教當前與未來的發展問題時，我深深感到我們不僅不能否定古人，而是要認真、深刻地學習古人。以中國內地佛教而言，許多古德在接受、消化印度佛教、創宗立說方面表現出來的膽識和智慧，是我們今人難以望其項背的。近現代佛教採用的一些形式其實是古已有之：今之居士林，古有義邑；今之慈善事業，古有無遮大會、修路建橋、悲田院、養病坊等；今之大衆弘法，古有俗講師、唱導師；今之佛教文藝，古有雕塑、繪畫、變文、押座文等等。看起來在觀機逗教、善巧方便方面，我們並不比古人現代化，相反倒遲鈍、保守了。我們祇要有古德那份勇氣和魄力，佛教現代化的許多問題都可以迎刃而解。

這是說佛教需要現代化。佛教現代化的目的是甚麼呢？我想借用一位學者的論述，他認爲佛教現代化的目的是要化現代。我想這應是佛教現代化的根本所在。佛教現代化是契機，是隨緣；佛教化現代是契理，是不變。現代化不是隨波逐流，而是因勢利導。佛教始終應有深遠超越的眼光，慈悲攝受現代人，作時代精神的航標，在適應潮流的同時，要引導潮流。因爲現代文明的繁榮祇是一種幻象，人類的心靈仍然在盲目地流浪，佛法能引導人們走上離苦得樂的幸福之道，使之回歸到精神的家園。立足現代，立足當下，這應該是佛教永恆的價值目標。

三　世紀末的回顧與前瞻

今天，我們在討論佛教的現代挑戰與前景時，不能不注意到當前這一特殊的時空因緣。二十世紀就要結束了，新世紀正隱隱約約地在遠方的地平線上嶄露頭角。我們不禁又要對中國佛教已走過的路投下審慎的一瞥。

如果將西元前二年（西漢哀帝元壽元年），作爲佛教最早傳入中國的時間紀錄，那麼中國佛教已經走過了將近二千年漫長的歷程。在這近二千年的歷史中，源出印度的佛教中國化了，同時它也深刻地影響中國，化中國。中國化與化中國，這就是中國佛教的歷史主題。這二千年中，佛教在中國取得了也許是佛教有史以來最輝煌的成就。回顧中國佛教輝煌的過去，我們不能不對歷代高僧祖師在使佛教中國化、在以佛法化導羣生方面的無上功德深表贊歎和感恩。以我的意見，在這諸多大德中有三位大師的貢獻最爲突出，堪稱佛教中國化、佛教化中國的三座里程碑。他們是：道安大師、惠能大師、太虛大師。這三位大師的共同點在於：他們都回應了各自時代佛教所遇到的問題和挑戰，爲佛教繼續發展開闢了新的紀元。

道安大師生活的時代，佛教已經在中國傳播三百多年，並開始廣泛滲入中國社會各階層，經法流行，義學昌盛。雖然如此，佛教從教理教義到組織制度都處於混亂狀態，並未找到一種適應中國國情的形式。道安大師承擔了這一歷史使命。他整理蕪雜的經典，著作經錄，闡揚性宗並制定教團的規範憲章。《梁高僧傳》載：「安既德爲物宗，學兼三藏，所制僧尼規範，佛法憲章，條爲三例：一曰行香定座上經上講之法；二曰常日六時行道飲食唱時法；三曰布薩差使悔過等法。天下寺舍，遂則而從之。」道安大師的貢獻還不止於此，他最早致力於改變當時格義佛教依附老莊玄學的局勢，闡述佛法獨立不共的教義。他還培育出像慧遠法師等一大批高僧。總之道安大師的努力使初來乍到的佛教從僧團制度、經典流傳到教理教義，一方面適應了中國國情，另一方面獲得了自己獨立的存在範式，厥功至偉。

惠能大師是中國古代佛教史上最具開拓進取精神的人物。可以毫不誇張地說，他是中國禪宗實際上的初祖，他開創的禪宗維繫了中國佛教自中唐以來的法運。

在惠能大師的時代，佛教在中國已流傳了六、七百年，義學大暢，而佛陀出世說法的本懷卻日見隱晦，所謂：「分別名相不知休，入海算少徒自困。」惠能大師以大無畏的氣魄作雷音獅吼：佛法在世間，不離世間覺；佛法的真精神在於立足現實，明心見性，「但用此心，直了成佛」。可以說，慧能大師以自己的修證和通俗曉暢的語言，揭示了佛法的祕密藏。此後一千多年，在他的智慧照耀下覺悟的人難計其數。禪，禪宗，是佛法應機中土的大事因緣，而惠能大師則是成就這一大事因緣最最關鍵的人物。直到今天，中國佛教能爲現代人解黏去縛、能同世界文化接軌的，禪宗最契時機。

離我們最近、對今天的思考最有啓發的是太虛大師。

太虛大師所處的時代也許是中國歷史上最爲動蕩的時代。異域文化在先進軍事和科技的掩護下衝擊到古老的中國，把中國文化一下子推到存亡絕續的邊緣。幾乎每個文化領域都面臨著嚴肅的抉擇：是裹足不前被時代淘汰，還是勵精圖治走向新生？而佛教，作爲一種宗教，在那個物質主義的時代更是風雨飄搖、岌岌可危。其傳統的存在形式已不適應時代因緣姑且不論，尤爲甚者有强大的外力接二連三摧殘佛教，欲將其置於死地：張之洞的「廟產興學」、袁世凱的《監督寺廟條例》、馮玉祥等的毀廟逐僧……，佛法的慧命有如千鈞繫於一髮。太虛大師就是在這樣的驚濤駭浪中挺身而出的菩薩。

太虛大師一生整理僧伽制度、培養佛教人才、興辦佛教文化事業的功績，勿庸我在此多論，我祇想指出一點：他契理契機地回應了中國佛教在本世紀所遇到的挑戰，為當時的佛教開創了新的局面，為佛教未來的發展指明了方向。我們今天討論中國佛教的出路時，應該繼承太虛大師的思想，完成他的未竟志業。事實上，我們現在做到的並沒有超出太虛大師的設想，他的許多想法比我們想像的更大膽、更具前瞻性。

太虛大師適應時機，開創了中國佛教未來發展的新機。如果我們能繼承先德的遺範，以契理契機為原則，勇猛沈著，敢於承擔，繼承傳統而不泥古，適應時機而不流俗，既現代化又化現代，則中國佛教乃至世界佛教必將在下一世紀迎著挑戰，澤被羣生，大放光芒。

一九九四年十一月，於趙州祖庭問禪寮

國家圖書館出版品預行編目資料

淨慧法師開示語錄. 2：放下煩惱的包袱 / 淨慧法師著. -- 1 版. -- 新北市：華夏出版有限公司, 2023.02

面；　公分. -- （Sunny 文庫；279）

ISBN 978-626-7134-69-6（平裝）

1.CST：禪宗 2.CST：佛教說法

226.65　　111018429

Sunny 文庫 279

淨慧法師開示語錄 2：放下煩惱的包袱

著　　作　淨慧法師

印　　刷　百通科技股份有限公司

電話：02-86926066 傳真：02-86926016

出　　版　華夏出版有限公司

220 新北市板橋區縣民大道 3 段 93 巷 30 弄 25 號 1 樓

電話：02-32343788 傳真：02-22234544

E-mail：pftwsdom@ms7.hinet.net

總 經 銷　貿騰發賣股份有限公司

新北市 235 中和區立德街 136 號 6 樓

電話：02-82275988 傳真：02-82275989

網址：www.namode.com

版　　次　2023 年 2 月 1 版

特　　價　新台幣 300 元（缺頁或破損的書，請寄回更換）

ISBN：978-626-7134-69-6